社区矫正对象法律常识案例解答手册

《社区矫正工作法律实务丛书》编写组 / 编

中国法制出版社
CHINA LEGAL PUBLISHING HOUSE

前　言

2019年12月28日,《中华人民共和国社区矫正法》(以下简称《社区矫正法》)由第十三届全国人民代表大会常务委员会第十五次会议通过,自2020年7月1日起施行。2020年6月18日,最高人民法院、最高人民检察院、公安部、司法部制定了《中华人民共和国社区矫正法实施办法》(以下简称《社区矫正法实施办法》),于2020年7月1日与社区矫正法同步实施。

由此,我国的社区矫正事业进入了一个新的发展阶段。值此之际,作为社区矫正制度中的关键人物——社区矫正对象,应该及时学习社区矫正法及其实施办法中的相关规定,切实履行好一名社区矫正对象应尽的义务,同时,根据法律及社区矫正的相关规定,规范调整好自己的言行,以期顺利完成社区矫正。为此,我们特别编写了《社区矫正对象法律常识案例解答手册》一书,希望能对广大社区矫正对象朋友有所帮助。下面,我们一起来看看本书的主要内容及特色:

首先,本书以新颁布实施的《社区矫正法》和《社区矫正法实施办法》为基础,选取了其中与社区矫正对象本身紧密相关的法律知识,以案例分析的方式呈现给大家,兼具可读性、实用性和针对性。

其次,本书在介绍新法的同时,以社区矫正对象矫正的过程为线索,将知识架构分为矫前、矫间及矫后三个阶段,并且着重将社区矫正对象应该遵守的规定、关于社区矫正的帮扶教育、未成年人社区矫正等问题单列提出。整本书的内容排列逻辑清晰，检索方便，有利于读者进行全面或针对性的阅读和学习。

再次，本书在帮助社区矫正对象学习社区矫正法律知识的同时，将社区矫正对象的一些权利也一并指出并加以分析和阐述。社区矫正对象作为一个特殊的社会群体，其一方面与其他普通人一样正常生活在社区，另一方面也贴着"社区矫正对象"的标签。有时候，他们的权利可能会被忽视、歧视甚至侵犯。社区矫正对象同样拥有婚姻家庭、劳动就业、人身人格等各方面权利，且不容非法侵犯。本书专门设置了"社区矫正对象的各种家庭与社会权利"一章内容，旨在帮助社区矫正对象把握和维护好自身合法权益，不能因为社区矫正对象的身份而自暴自弃或是忍气吞声，必要时，也要拿起法律的武器去维权。

同时，本书还将刑法知识单列一章，对一些重要的刑法制度及常见犯罪进行充分讲解，希望在帮助社区矫正对象认识犯罪、远离犯罪方面有所帮助。

然后，本书还特别编排了一些与社区矫正对象相关的汇报、总结、报表等，从社区矫正对象自身出发，编写了相关的范文，对社区矫正对象的矫正和汇报工作具有很强的指导意义。

最后，本书以"社区矫正对象重塑自我的典型故事"结尾，以期通过社区矫正对象的励志故事给大家带来启迪、温暖和力量。在附录中还收录了社区矫正工作指导案例以及常用法律文件，希望能够为社区矫正对象提供学习参考。

诚然，由于时间以及编辑水平的限制，本书难免有不妥之处，敬请批评指正！

本书编委会

2023 年 8 月

目 录

第一章 认识社区矫正与矫前准备 ························· 1
1. 什么是社区矫正？ ································ 1
2. 社区矫正的矫正功能体现在哪些方面？ ··············· 2
3. 社区矫正对象包括哪几类？ ······················· 5
4. 社区矫正对象如何正确认识自己的身份？ ············ 6
5. 社区矫正监管协议是什么？其内容大致有哪些？ ······ 8
6. 社区矫正一定会在社区矫正对象的户籍地执行吗？ ··· 12
7. 因判处管制、缓刑而进行社区矫正的人员，应该何时向社区矫正机构报到？ ························· 13
8. 进行社区矫正前，自己的罪行会被公之于众吗？ ···· 14
9. 接受社区矫正要建立档案吗？ ····················· 15
10. 请他人代替自己进行社区矫正，会被识破吗？ ····· 17
11. 社区矫正对象需要增强哪些观念？ ··············· 18

第二章 社区矫正对象的日常管理规范 ················ 21
12. 在社区矫正期间请假应履行什么程序？ ··········· 21
13. 换了工作单位，需要向社区矫正机构报告吗？ ····· 23
14. 在社区矫正期间丧偶，是否需要向社区矫正机构报告？ ····································· 24
15. 保外就医人员应该多久报告一次身体情况？ ······· 26

16. 保外就医的社区矫正对象无正当理由不按时提交病情复查情况，会受到什么处分？ …… 27
17. 社区矫正对象必须参加公益活动吗？ …… 29
18. 被适用"禁止令"的社区矫正对象应当注意哪些问题？ …… 30
19. 在同一社区矫正机构管辖区内搬家，也需要报告吗？ …… 32
20. 社区矫正方案一经制定还能调整吗？ …… 34
21. 经常被"以前的朋友"找上门，需要向社区矫正机构报告吗？ …… 35
22. 什么是"脱管"？脱管有什么后果？ …… 36
23. 矫正期间能出境旅游吗？ …… 37
24. 社区矫正对象听说自己将被收监执行而逃跑的，构成何罪？ …… 39
25. 社区矫正对象迁居外地的，应该履行什么手续？ …… 41
26. 开始执行社区矫正后，就相当于脱离政府的监管了吗？ …… 43
27. 社区矫正对象失联的，其家属有义务配合寻找吗？ …… 44
28. 社区矫正对象屡教不改，将面临什么后果？ …… 46
29. 社区矫正对象获得表扬需要满足哪些条件？ …… 48
30. 在社区矫正期间，也可以被减刑吗？ …… 50

第三章　针对社区矫正对象的帮扶与教育 …… 54

31. 什么是矫正小组？矫正小组通常由哪些人员组成？ …… 54
32. 社区矫正对象必须参加社区矫正机构举办的教育学习吗？ …… 55
33. 公益活动可以安排高危作业吗？ …… 57
34. 接受职业技能培训是否需要交费？ …… 59

35. 社区矫正对象获得职业技能培训帮扶的途径主要
    有哪些? ……………………………………………… 60
36. 社区矫正对象欠缺谋生技能或遇到生活困难时会
    得到帮助吗? …………………………………………… 62
37. 社区矫正安置就等于分配工作吗? ………………… 64
38. 在就业安置中,社区矫正对象可获得哪些帮助? ……… 65
39. 情况特殊的社区矫正对象,会得到特别帮扶吗? ……… 67
40. 社区矫正对象就业能得到哪些帮助和指导? ………… 69

第四章 未成年社区矫正对象的特别规定 … 71
41. 对未成年社区矫正对象,法律会特别保护其身份
    信息吗? …………………………………………… 71
42. 未成年人在接受社区矫正期间,可否入学就读? …… 73
43. 未成年人在解除社区矫正后,其升学、就业是否
    会受到影响? ……………………………………… 75
44. 对未成年犯和成年犯的社区矫正需要分开进行吗? …… 76

第五章 社区矫正的终止与解除 ……………… 78
45. 解除社区矫正时,会向社区居民公开宣告吗? ……… 78
46. 解除社区矫正证明书对社区矫正对象有何重要意义? … 79
47. 社区矫正对象在矫正期间死亡的,社区矫正自然
    结束吗? …………………………………………… 81
48. 如何确定不同类别的社区矫正对象的矫正期限? …… 82
49. 解除社区矫正后,还要进行安置帮教吗? …………… 84
50. 解除社区矫正后,社区矫正对象的档案如何保管? …… 85

第六章 社区矫正对象的各种家庭与社会权利 … 87
一、婚姻家庭权利 …………………………………… 87
51. 社区矫正对象在矫正期间可以结婚吗? ……………… 87

52. 离婚时，社区矫正对象是否有权争取孩子的抚养权？ … 89
53. 社区矫正对象离婚时，一定会"净身出户"吗？ …… 90
54. 社区矫正对象可以继承遗产吗？ ………………… 92
55. 社区矫正对象是否有权立遗嘱处分自己的财产？ …… 93

二、宪法权利 ……………………………………………… 95
56. 社区矫正对象有选举权吗？ …………………… 95
57. 怀疑某社区矫正对象偷了东西，可以去其家里翻找吗？ ………………………………………………… 96
58. 社区矫正对象有检举国家机关工作人员的权利吗？ …… 97
59. 社区矫正对象有参加摄影协会的权利吗？ ……… 99

三、人格权利 ……………………………………………… 100
60. 社区矫正对象的隐私权受法律保护吗？ ………… 100
61. 社区矫正对象的肖像权是否应受到法律的保护？ …… 102
62. 社区矫正对象的名誉权受到他人侵犯时，如何维护？ … 104
63. 社区矫正对象面对他人的侮辱，只能忍气吞声吗？ …… 106

四、劳动与受教育权利 …………………………………… 108
64. 社区矫正对象在法定节假日加班有获得加班费的权利吗？ ………………………………………………… 108
65. 社区矫正对象在劳动中受伤可以享受工伤待遇吗？ … 109
66. 社区矫正期间可以参加自学考试吗？ …………… 111
67. 被判处管制的人员，参加劳动应该获得报酬吗？ …… 112

五、其他权利 ……………………………………………… 114
68. 社区矫正对象可以申请低保吗？ ………………… 114
69. 社区矫正对象可以贷款买房吗？ ………………… 115
70. 社区矫正对象的土地被征收，有权得到补偿款吗？ … 117
71. 社区矫正对象能发表其创作的文学作品吗？ …… 118
72. 社区矫正对象可以将财产赠与他人吗？ ………… 119

第七章　社区矫正对象应该了解的刑法知识 ………… 121
一、管制 ……………………………………………………… 121
73. 什么是管制？ ……………………………………… 121
74. 什么情形下可能被判处管制？ …………………… 122
75. 被判处管制的人要遵循哪些规定？ ……………… 124
76. 管制实际执行的期限是多长时间？ ……………… 127
77. 被判处管制，可以附加剥夺政治权利吗？ ……… 128
二、缓刑 ……………………………………………………… 130
78. 什么是缓刑？ ……………………………………… 130
79. 缓刑的考验期限是多长时间？ …………………… 132
80. 缓刑犯应遵守哪些规定？ ………………………… 133
81. 缓刑考验期限内犯新罪的，会有什么后果？ …… 134
三、假释 ……………………………………………………… 136
82. 什么是假释？ ……………………………………… 136
83. 哪些犯罪嫌疑人不能适用假释？ ………………… 138
84. 被裁定假释的罪犯应当执行社区矫正的期限为多长时间？ ……………………………………………… 139
85. 被裁定假释的社区矫正对象，应当遵守哪些规定？ … 140
四、暂予监外执行 …………………………………………… 141
86. 适用暂予监外执行的条件是什么？ ……………… 141
87. 被暂予监外执行的，在哪些情形下应予收监执行？ … 143
五、正当防卫与紧急避险 …………………………………… 144
88. 被迫自卫致人伤亡要负刑事责任吗？ …………… 144
89. 什么是无限防卫？ ………………………………… 146
90. 挑拨他人伤害自己而后进行防卫，是正当防卫吗？ … 147
91. 打架斗殴中的反击行为是正当防卫吗？ ………… 149
92. 为保护非法利益而进行的防卫是正当防卫吗？ … 151

93. 紧急避险要负刑事责任吗？ ………………………… 153
六、未完成的犯罪 ……………………………………………… 155
　　94. 什么是犯罪预备行为？犯罪预备会受处罚吗？ …… 155
　　95. 什么是犯罪未遂？犯罪未遂会受处罚吗？ ………… 156
　　96. 什么是犯罪中止？犯罪中止能免予处罚吗？ ……… 157
七、犯罪之后及时挽救 ………………………………………… 159
　　97. 犯罪后的追诉时效是多长时间？ …………………… 159
　　98. 犯罪后主动投案会减轻处罚吗？ …………………… 160
　　99. 被公安机关控制后如实交代自己的罪行，还可以成立自首吗？ …………………………………………… 162
　　100. 立功可以免除处罚吗？ ……………………………… 164
　　101. 犯罪分子需要对其造成的损害负担民事赔偿责任吗？ …………………………………………………… 165
　　102. 罪犯交不起罚金，应该怎么办？ …………………… 166
八、对一些可能构成犯罪的行为的确认 ……………………… 169
　　103. 公民持有假币，构成犯罪吗？ ……………………… 169
　　104. 强买强卖商品，会触犯刑法吗？ …………………… 170
　　105. 债权人多次讨债未果而拘禁债务人，是否构成犯罪？ … 172
　　106. 捏造事实诽谤他人致使对方自杀的，构成犯罪吗？ … 173
　　107. 遗弃老人致其死亡，是否构成遗弃罪？ …………… 174
　　108. 为了求职而伪造身份证、毕业证，构成犯罪吗？ … 175
　　109. 冒充国家机关工作人员招摇撞骗的，触犯了刑法吗？ …………………………………………………… 177
　　110. 租赁房屋供吸毒者吸毒，触犯了刑法吗？ ………… 178
　　111. 编造爆炸恐怖信息会触犯刑法吗？ ………………… 179
　　112. 帮助犯罪的朋友逃匿，构成犯罪吗？ ……………… 181

九、其他重要的刑法知识 ……………………………… 182
　113. 什么是犯罪故意？ ………………………………… 182
　114. 什么是犯罪过失？ ………………………………… 184
　115. 剥夺政治权利是什么意思？ ……………………… 185
　116. 什么是累犯？其法律后果是什么？ ……………… 187
　117. 哪些情形可以减刑？减刑的限度是怎样的？ …… 188

第八章　社区矫正对象的相关汇报总结 ……………… 191
　一、每月电话汇报情况 ………………………………… 191
　　1. 汇报表格模板 ……………………………………… 191
　　2. 填报示范 …………………………………………… 192
　二、每月教育学习情况 ………………………………… 194
　　1. 汇报表格模板 ……………………………………… 194
　　2. 填报示范 …………………………………………… 194
　三、每月思想汇报情况 ………………………………… 196
　　1. 汇报表格模板 ……………………………………… 196
　　2. 填报示范 …………………………………………… 196
　四、每月公益活动情况 ………………………………… 197
　　1. 汇报表格模板 ……………………………………… 197
　　2. 填报示范 …………………………………………… 198
　五、社区矫正期满的自我总结 ………………………… 199

第九章　社区矫正对象重塑自我的典型故事 ………… 201
　故事一："小偷爸爸"变成了"英雄爸爸" ……………… 201
　故事二：迷途知返，为时不晚 ………………………… 202
　故事三：青春之花再次绽放 …………………………… 203
　故事四：走出心理阴霾，重塑健康人格 ……………… 204
　故事五：从情绪低落到重拾生活信心 ………………… 205
　故事六：从不懂法到"常怀敬畏法律之心" …………… 206

故事七:"今后我一定会好好把握人生" …………… 207

附　录

一、社区矫正工作指导案例 ………………………………… 210
　　案例一:四川省眉山市丹棱县对缓刑社区矫正对象付
　　　　　某某依法接收案例 ………………………… 210
　　案例二:江苏省南通市海安市对缓刑社区矫正对象
　　　　　吕某某依法给予警告并使用电子定位装置
　　　　　案例 …………………………………………… 213
　　案例三:上海市青浦区对缓刑社区矫正对象蔡某某教
　　　　　育帮扶案例 …………………………………… 215
　　案例四:辽宁省鞍山市铁西区对暂予监外执行社区矫
　　　　　正对象秦某依法提请收监执行案例 ………… 220
二、社区矫正工作常用法律文件 …………………………… 223
　　中华人民共和国社区矫正法 ………………………… 223
　　　　（2019 年 12 月 28 日）
　　中华人民共和国社区矫正法实施办法 ……………… 235
　　　　（2020 年 6 月 18 日）
　　最高人民法院、最高人民检察院、公安部、司法部关
　　　　于进一步加强社区矫正工作衔接配合管理的意见 …… 257
　　　　（2016 年 8 月 30 日）
　　最高人民法院、最高人民检察院、公安部、司法部关
　　　　于对判处管制、宣告缓刑的犯罪分子适用禁止令有
　　　　关问题的规定（试行） ……………………… 264
　　　　（2011 年 4 月 28 日）
　　暂予监外执行规定 …………………………………… 267
　　　　（2014 年 10 月 24 日）

司法部、中央综治办、教育部、民政部、财政部、人
　力资源社会保障部关于组织社会力量参与社区矫正
　工作的意见 ………………………………………… 276
　（2014 年 9 月 26 日）

第一章
认识社区矫正与矫前准备

1. 什么是社区矫正？

🔊 典型案例

顾某与刘某是邻居。某日，顾某因砌墙与刘某发生争执，用木棍将刘某打伤，造成其左手臂骨折，经鉴定，损伤程度为轻伤一级。刘某将顾某告上了法院。随后，顾某就民事赔偿事宜与刘某达成了和解协议，并依协议对刘某予以赔偿，得到了刘某的谅解。法院依据事实和法律，以故意伤害罪判处顾某有期徒刑1年、缓刑1年。判决作出后，顾某接受了社区矫正。请问，什么是社区矫正？应如何理解？

🔊 依法解答

所谓社区矫正，是指与监禁矫正相对的非监禁刑罚执行方式，即将符合社区矫正条件的罪犯置于社区内，由专门的国家机关在相关社会团体和民间组织及社会志愿者的协助下，在判决、裁定或决定确定的期限内，矫正其犯罪心理和行为恶习，并促进其顺利回归社会的非监禁刑罚执行活动。依据我国《刑事诉讼法》第269条的规定,对被判处管制、宣告缓刑、假释或者暂予监外执行的罪犯,依法实行社区矫正。上面的案例中,顾某被判处缓刑,应接受社区矫正。

在理解社区矫正的概念时,应当注意以下几点:(1)社区矫正是非监禁刑罚执行活动;(2)社区矫正的目的是促进社区矫正对象顺利融入社会;(3)社区矫正的内容是矫正罪犯的犯罪心理和行为恶习;(4)社区矫正是在判决、裁定或决定确定的期限内执行的;(5)社区矫正是在相关社会团体、民间组织和社会志愿者的协助下进行的;(6)社区矫正是由专门国家机关主导进行的;(7)社区矫正是在社区中进行的;(8)社区矫正是针对符合法定条件的对象进行的。

相关规定

《中华人民共和国刑法》

第七十六条 对宣告缓刑的犯罪分子,在缓刑考验期限内,依法实行社区矫正,如果没有本法第七十七条规定的情形,缓刑考验期满,原判的刑罚就不再执行,并公开予以宣告。

《中华人民共和国刑事诉讼法》

第二百六十九条 对被判处管制、宣告缓刑、假释或者暂予监外执行的罪犯,依法实行社区矫正,由社区矫正机构负责执行。

2. 社区矫正的矫正功能体现在哪些方面?

典型案例

纪某从小不好好读书,初中毕业后就不再上学了,在社会中结交了一帮狐朋狗友，浑浑噩噩地过日子。某天，纪某参与了一起抢劫，被警方抓获，法院经审理，以抢劫罪判处纪某 7 年有期徒刑。纪某在服刑期间表现良好，在服刑满 5 年后，获得假释并接受社区矫正。请问，社区矫正具有哪些矫正功能呢？

📢 依法解答

我国《社区矫正法》第 35 条至第 43 条规定了社区矫正的具体内容，可以从这些内容中将社区矫正功能总结为以下几点：

（1）教育功能。社区矫正机构通过法治教育、劳动教育、文化教育、技能教育和心理健康知识教育，提高社区矫正对象的道德水平和法治观念，增强其谋生技能，使其顺利融入社会。

（2）塑造功能。社区矫正将罪犯置于社会化的交际生活中，使其能够最大可能地承担家庭和社会责任，并在此基础上进行心理引导和行为规范，最终能够以普通社会成员的身份顺利融入社会，避免出现监禁矫正可能导致的消极服从、自信心与进取心丧失。

（3）感化功能。社区矫正机构不仅对社区矫正对象进行思想教育与行为引导，而且通过多种形式传授文化知识与生产技能，并积极推荐就业。在法定条件下，家庭生活困难的社区矫正对象还可以申请政府最低生活保障。通过这些人道待遇和关心爱护，使社区矫正对象产生被感化的心理效应，促使其更深刻地认罪悔罪，调动其改造的积极性和自觉性。

（4）治疗功能。社区矫正的治疗功能主要体现为对社区矫正对象进行普遍的心理健康教育和对有心理危机的社区矫正对象进行心理危机干预，实施有效的心理矫治。

（5）处罚与控制功能。社区矫正也是一种刑罚执行方式，对社区矫正对象应具有一定的惩罚性。社区矫正对象应当服从社区矫正机构的监督管理，遵守各项矫正制度规定。让社区矫正对象始终处于社区矫正机构和人民群众的视野之内，使其行为受到一定的监督，有利于防止其重新犯罪或实施其他违法活动。

相关规定

《中华人民共和国社区矫正法》

第三十五条　县级以上地方人民政府及其有关部门应当通过多种形式为教育帮扶社区矫正对象提供必要的场所和条件，组织动员社会力量参与教育帮扶工作。

有关人民团体应当依法协助社区矫正机构做好教育帮扶工作。

第三十六条　社区矫正机构根据需要，对社区矫正对象进行法治、道德等教育，增强其法治观念，提高其道德素质和悔罪意识。

对社区矫正对象的教育应当根据其个体特征、日常表现等实际情况，充分考虑其工作和生活情况，因人施教。

第三十七条　社区矫正机构可以协调有关部门和单位，依法对就业困难的社区矫正对象开展职业技能培训、就业指导，帮助社区矫正对象中的在校学生完成学业。

第三十八条　居民委员会、村民委员会可以引导志愿者和社区群众，利用社区资源，采取多种形式，对有特殊困难的社区矫正对象进行必要的教育帮扶。

第三十九条　社区矫正对象的监护人、家庭成员，所在单位或者就读学校应当协助社区矫正机构做好对社区矫正对象的教育。

第四十条　社区矫正机构可以通过公开择优购买社区矫正社会工作服务或者其他社会服务，为社区矫正对象在教育、心理辅导、职业技能培训、社会关系改善等方面提供必要的帮扶。

社区矫正机构也可以通过项目委托社会组织等方式开展上述帮扶活动。国家鼓励有经验和资源的社会组织跨地区开展帮扶交流和示范活动。

第四十一条 国家鼓励企业事业单位、社会组织为社区矫正对象提供就业岗位和职业技能培训。招用符合条件的社区矫正对象的企业,按照规定享受国家优惠政策。

第四十二条 社区矫正机构可以根据社区矫正对象的个人特长,组织其参加公益活动,修复社会关系,培养社会责任感。

第四十三条 社区矫正对象可以按照国家有关规定申请社会救助、参加社会保险、获得法律援助,社区矫正机构应当给予必要的协助。

3. 社区矫正对象包括哪几类?

📢 典型案例

艳艳与前夫周某离婚后,结识了孙某,并在一年后与孙某结婚。周某认为艳艳与自己离婚是因为她早就与孙某相识,并发生了婚外情。一天,周某来到艳艳与孙某的家,恰好孙某出差。周某质问艳艳是不是因为孙某才与自己离婚的,艳艳对他的质问非常生气,顺手拿起桌上的花瓶向周某头部砸去,不幸致其头部严重受伤。后来法院经审理认定艳艳构成故意伤害罪,判处1年有期徒刑。后艳艳发现自己已经怀有身孕,在确认其怀孕3个月后,法院对艳艳作出暂予监外执行的决定,并实行社区矫正。请问,社区矫正对象包括哪几类?

📢 依法解答

我国《社区矫正法》第2条指出,要对被判处管制、宣告缓刑、假释和暂予监外执行的罪犯实行监督管理、进行社区矫正。也就是说,社区矫正对象主要包括被判处管制、宣告缓刑、假释和暂予监外执行的罪犯。这四类人员社会危险性比较小，在社会上服刑不但有利于对他们进行教育改造，更有利于他们刑满后顺利融入社会，因此，我国法律规定对上述人员实行社区矫正。上面的案例中，因为艳艳怀孕法院对她作出暂予监外执行的决定，依据法律的规定，应当对其进行社区矫正，所以，艳艳就成了社区矫正对象，而无须再在狱中改造。

相关规定

《中华人民共和国社区矫正法》

第二条 对被判处管制、宣告缓刑、假释和暂予监外执行的罪犯，依法实行社区矫正。

对社区矫正对象的监督管理、教育帮扶等活动，适用本法。

4. 社区矫正对象如何正确认识自己的身份？

典型案例

张某因犯非法拘禁罪被法院判处有期徒刑7个月，缓刑1年。判决生效后，张某如期向社区矫正机构报到并办理了相关手续。后来社区矫正机构通知张某领取手机定位卡、参加个别教育时，发现其手机关机，联系不上，其脱管的情况已经超过一个月。社区矫正机构遂向法院提出撤销对张某的缓刑判决并收监执行的建议，最终法院裁定对张某撤销缓刑，执行原判刑期7个月。那么，社区矫正对象应如何正确认识自己的身份才能避免被收监执行？

依法解答

在司法实践中，很多社区矫正对象对自己的身份认识不清，甚至认识错误，不能明确自己跟社会一般人员的区别，而被社区矫正机构提请撤销缓刑、假释和暂予监外执行，由公安机关、法院和监狱决定收押后送到监狱执行，导致本来可以在"大墙"外矫正却变成了在"大墙"内接受刑罚。为避免出现这种状况，社区矫正对象一定要正确认识自己的身份。

首先，要认识到自己是受到法律制裁和处罚的正在服刑的罪犯，不同于一般人员。作为罪犯，需要接受刑罚执行机关的管理和改造，履行服从社区矫正机关的监督管理的义务。

其次，要对社区矫正有正确的认识。社区矫正在我国有时被称为监（看守所、监狱等监管场所）外执行，其本质是刑罚执行。刑罚执行多数情况下是在监狱等封闭场所进行的，被执行人的人身自由受到限制。而社区矫正具有不监禁、开放性的特点，这就使人在观念上往往难以将其与刑罚执行联系起来。但实际上，社区矫正属于刑罚执行方式。

最后，要珍惜社区矫正的改造机会。从服刑场所看，监禁矫正是在看守所、监狱等相对封闭的场所进行的，以短期或长期剥夺人身自由为前提，而社区矫正则是在相对开放的社区内进行的，它只是限制社区矫正对象一定的人身自由或剥夺其政治权利，并不割断社区矫正对象与社会之间的多数联系。从监督方式看，监禁矫正以狱内管理、三课教育、辅助教育、心理咨询与矫治和生产劳动等为主要手段，而社区矫正由于扎根社区，能够依托并充分利用社会资源对社区矫正对象进行改造，无论在社会力量介入的深度、广度还是形式多样性上，都是监禁矫正所无法实现的。从矫正效果看，与监狱矫正不同，社区矫正对象无须入狱服刑，为罪犯创造了极为宽松的改造环境，有利于加强其与社会交往的密切程度，从而大大提高改造质量。

相关规定

《中华人民共和国社区矫正法》

第二十三条 社区矫正对象在社区矫正期间应当遵守法律、行政法规，履行判决、裁定、暂予监外执行决定等法律文书确定的义务，遵守国务院司法行政部门关于报告、会客、外出、迁居、保外就医等监督管理规定，服从社区矫正机构的管理。

5. 社区矫正监管协议是什么？其内容大致有哪些？

典型案例

魏某多年间参与了多起拐卖妇女、儿童的犯罪活动，导致数个家庭破碎。后来，魏某的罪行被司法机关发现。经过审判，她被判处10年有期徒刑。刑罚执行期间，魏某发现自己已经怀有身孕，法律援助人员告诉她在孕期与哺乳期间可以申请暂予监外执行，待哺乳期结束后再收监执行。魏某便提出监外执行的申请并获得批准。当地社区矫正机构接收魏某后，考虑到魏某怀有身孕需要家人照顾，就与其家属签订了社区矫正监管协议，希望其家属能够对魏某进行监督管理，从而协助矫正工作正常进行。请问：社区矫正监管协议是什么？大致有哪些内容？

依法解答

社区矫正监管协议，是社区矫正机构与社区矫正对象的直系亲属（没有直系亲属的，与其所在单位、居委会或村委会以及愿意承担监管教育责任的近亲属）签订的协助监督、管理社区矫正对象，帮助其进行改造的书面协议。该协议的大致内容是明确监护责任人的职责,主要包括对社区矫正对象的日常监督管理和教育责任。如:监督社区矫正对象遵规守纪、履行社区矫正义务;定期向矫正工作小组通报社区矫正对象情况等。上述案例中,社区矫正机构与魏某的家属签订了监管协议,其家属就应该认真履行监督教育义务,督促魏某严格遵守规章制度,如实地向社区矫正机构汇报魏某的情况。

此外,社区矫正工作队伍由社区矫正执法人员、矫正辅助人员和社区矫正志愿者组成。所以,社区矫正机构与矫正辅助人员、社区矫正志愿者签订的帮教协议书,也可以纳入监管协议的范畴,此类协议的内容是明确矫正辅助人员、社区矫正志愿者在协助社区矫正机构对社区矫正对象实施监督和教育的过程中,各自享有的权利和应当履行的义务。

无论是社区矫正机构与社区矫正对象的家属签订的监管协议,还是社区矫正机构与矫正辅助人员、矫正志愿者签订的帮教协议,都是为了对社区矫正对象进行监管、教育,帮助其顺利融入社会。

附:

社区矫正监管协议书

为规范社区矫正执法活动,帮助社区矫正对象改过自新,适应社会,根据法律法规的规定,制定以下协议。

一、社区矫正小组职责

(一)对社区矫正对象进行监督和管理,确保刑罚正确实施;

(二)对社区矫正对象进行思想和法治教育、文化教育、职业技术教育,矫正其犯罪心理和行为恶习,使他们成为守法公民;

(三)对社区矫正对象在就学、就业、生活和心理等方面的困难和问题提供帮助,促使他们适应社会生活。

二、社区矫正对象的监督管理规定

（一）社区矫正对象应当遵守下列规定：

1. 按时到户籍地（经常居住地）社区矫正机构报到；

2. 遵守法律、法规，服从监督管理；

3. 参加学习、教育和公益劳动；

4. 定期报告自己的思想、活动情况；

5. 遵守其他监督管理规定。

（二）被判处管制的社区矫正对象，除遵守上述规定外，未经批准，不得行使言论、出版、集会、结社、游行、示威自由的权利。

（三）被暂予监外执行的社区矫正对象，除遵守上述规定外，还应当遵守下列规定：

1. 在指定的医院接受治疗；

2. 确因治疗、护理的特殊要求，需要转院的，应当报告社区矫正机构，并经县（市、区）司法行政部门批准；

3. 进行治疗以外的社会活动的，应当报告社区矫正机构，并经县（市、区）司法行政部门批准。

（四）被剥夺政治权利的社区矫正对象，除遵守上述规定外，不得行使下列权利：

1. 选举权和被选举权；

2. 言论、出版、集会、结社、游行、示威自由的权利；

3. 担任国家机关职务的权利；

4. 担任公司、国有企业、事业单位和人民团体领导职务的权利。

（五）社区矫正对象的活动范围是户籍地（经常居住地）设区的市的城区、县（市）的辖区。有正当理由外出的必须严格遵守社区矫正请销假、迁居等相关规定。

三、社区矫正监督人职责

1. 对社区矫正对象的遵规守纪和接受矫正情况进行监督，督促社区矫正对象遵守社区矫正规定，履行社区矫正义务；

2. 保持与社区矫正对象的联系，及时发现、掌握和通报社区矫正对象情况；

3. 每月一次向所属社区矫正工作小组办公室反馈社区矫正对象情况。

四、社区矫正志愿者职责（在有志愿者的情况下列明）

1. 按期与社区矫正对象沟通思想、联系情况；

2. 参与对社区矫正对象的行政、司法奖惩和矫正期满的评议；

3. 积极向社区有关部门反映社区矫正对象的实际问题或突出困难，争取帮助解决；

4. 关心社区矫正对象的学习或培训。

本协议书一式四份，社区矫正工作者、社区矫正监督人、社区矫正对象各执一份，存档一份。

社区矫正工作者　　社区矫正监督人　　社区矫正对象
　（签名）　　　　　　（签名）　　　　　　（签名）
　　　　　　　　　　　　　　　　　　　年　　月　　日

相关规定

《中华人民共和国刑事诉讼法》

第二百六十五条　对被判处有期徒刑或者拘役的罪犯，有下列情形之一的，可以暂予监外执行：

（一）有严重疾病需要保外就医的；

（二）怀孕或者正在哺乳自己婴儿的妇女；

（三）生活不能自理，适用暂予监外执行不致危害社会的。

......

第二百六十八条 对暂予监外执行的罪犯,有下列情形之一的,应当及时收监:

(一)发现不符合暂予监外执行条件的;

(二)严重违反有关暂予监外执行监督管理规定的;

(三)暂予监外执行的情形消失后,罪犯刑期未满的。

......

6. 社区矫正一定会在社区矫正对象的户籍地执行吗?

典型案例

佟某是湖南长沙人,在北京市朝阳区经营一家废品收购站。因涉嫌掩饰隐瞒犯罪所得收益罪被公诉至北京市朝阳区人民法院。经审理,法院拟判其缓刑。佟某以为要在自己的户籍所在地长沙进行社区矫正,准备关闭辛苦经营多年的废品收购站,好友却告诉他也可以在北京执行社区矫正。那么,请问佟某究竟将在何地执行社区矫正?

依法解答

社区矫正不一定在社区矫正对象的户籍地执行。综合《社区矫正法》及《社区矫正法实施办法》的相关规定可知,社区矫正的执行地为社区矫正对象的"经常居住地"(所谓经常居住地,是指公民离开住所地最后连续居住 1 年以上的地方,但住院治疗的除外)。之所以作这样的规定,是因为在现实生活中,经常出现户籍所在地与居住地不一致的情形。如果户籍所在地与居住地不一致,仍将户籍所在地定为社区矫正执行地,社区矫正机构就无法管控社区矫正对象,致使脱管、漏管的危险性增大。因此,在上面的案例中，佟某应该在其经常居住地北京市朝阳区接受社区矫正。

📢 相关规定

《中华人民共和国社区矫正法》

第十七条 ……

社区矫正执行地为社区矫正对象的居住地。社区矫正对象在多个地方居住的，可以确定经常居住地为执行地。

……

《中华人民共和国社区矫正法实施办法》

第十二条 对拟适用社区矫正的，社区矫正决定机关应当核实社区矫正对象的居住地。社区矫正对象在多个地方居住的，可以确定经常居住地为执行地。没有居住地，居住地、经常居住地无法确定或者不适宜执行社区矫正的，应当根据有利于社区矫正对象接受矫正、更好地融入社会的原则，确定社区矫正执行地。被确定为执行地的社区矫正机构应当及时接收。

社区矫正对象的居住地是指其实际居住的县（市、区）。社区矫正对象的经常居住地是指其经常居住的，有固定住所、固定生活来源的县（市、区）。

社区矫正对象应如实提供其居住、户籍等情况，并提供必要的证明材料。

7. 因判处管制、缓刑而进行社区矫正的人员，应该何时向社区矫正机构报到？

📢 典型案例

蒋某因收买被拐卖儿童罪被某县人民法院判处有期徒刑1年，缓期2年执行。当年3月10日，判决生效后，法院告知蒋某应当在规定的时间内到县社区矫正机构报到，接受社区矫正。但蒋某有事要忙，直到3月15日才想起要去报到，他不知是否超过报到期限，也不知如果超过报到期限会有什么样的法律后果，遂向原判法院咨询。那么，请问因判处管制、缓刑而进行社区矫正的人员，应该在何时向社区矫正机构报到？

📢 依法解答

根据我国《社区矫正法》第21条的规定，社区矫正对象应当自人民法院判决、裁定生效之日起10日内到执行地社区矫正机构报到。因此，蒋某应当自判决生效（即当年3月10日）之日起10日内到县社区矫正机构报到，并办理社区矫正接收手续。蒋某在3月15日才想起要去报到，此时还没有超过期限，应及时到县社区矫正机构报到，办理接收手续。

📢 相关规定

《中华人民共和国社区矫正法》

第二十一条 人民法院判处管制、宣告缓刑、裁定假释的社区矫正对象，应当自判决、裁定生效之日起十日内到执行地社区矫正机构报到。

……

8. 进行社区矫正前，自己的罪行会被公之于众吗？

📢 典型案例

周某今年20岁，在父母的帮助下开了一家小超市，生意还不错。但是周某总幻想着能一夜暴富，对超市经营不是很上心，而是常常去买彩票，但每次都是空欢喜一场。这天周某一下买了200元的彩票但是一分钱都没有中，他心里一急把营业员手里的钱夺过来就走了。后经法院审理，周某被判处缓刑，在原居住地执行社区矫正。周某想知道在进行社区矫正前，自己的罪行会被公之于众吗？

依法解答

根据我国《社区矫正法》第22条的规定可知，社区矫正对象在进行社区矫正时，社区矫正机构都会核对法律文书、核实身份、办理接收登记、建立档案，并在其所在社区宣告社区矫正对象的犯罪事实、执行期限及相关规定。这里我们要注意的是，社区矫正中的社区，主要是指法定社区，它与行政机关的设置密切相关，是以乡、镇及城市的区、区下设的办事处为单位，一个乡或镇、一个区或办事处为一个社区。所以社区矫正对象在进行社区矫正之前罪行会被公之于众，但仅限于其所在的社区。

相关规定

《中华人民共和国社区矫正法》

第二十二条 社区矫正机构应当依法接收社区矫正对象，核对法律文书、核实身份、办理接收登记、建立档案，并宣告社区矫正对象的犯罪事实、执行社区矫正的期限以及应当遵守的规定。

9. 接受社区矫正要建立档案吗？

典型案例

倪某从小就是一个品学兼优的好孩子，后来考上了自己理想中的大学。倪某在大学期间也很优秀，他计划毕业后留在读书的城市参加工作，但是一切都被一件事情打乱了。大四开学伊始，倪某和同寝室的小张因为一些琐事发生了口角，后来还发生了肢体冲突导致小张受伤。最终法院以故意伤害罪判处倪某有期徒刑1年，缓刑1年。倪某对自己的一时冲动十分后悔，他想知道接受社区矫正要建立档案吗？

依法解答

根据我国《社区矫正法》第 22 条的规定，社区矫正机构接收社区矫正对象时，首先会核对法律文书、核实身份、办理接收登记并建立档案。这在《社区矫正法实施办法》第 18 条也有规定，即执行地县级社区矫正机构接收社区矫正对象后，应当建立社区矫正档案，包括以下内容：（1）适用社区矫正的法律文书；（2）接收、监管审批、奖惩、收监执行、解除矫正、终止矫正等有关社区矫正执行活动的法律文书；（3）进行社区矫正的工作记录；（4）社区矫正对象接受社区矫正的其他相关材料。社区矫正对象进行社区矫正是会建立个人档案的，这些档案单独立卷，由专人保管。未经批准任何人不得查阅、复印或者私自将档案转借他人，档案查阅完毕应及时归还，不得丢失或外传。

相关规定

《中华人民共和国社区矫正法》

第二十二条 社区矫正机构应当依法接收社区矫正对象，核对法律文书、核实身份、办理接收登记、建立档案，并宣告社区矫正对象的犯罪事实、执行社区矫正的期限以及应当遵守的规定。

《中华人民共和国社区矫正法实施办法》

第十八条 执行地县级社区矫正机构接收社区矫正对象后，应

当建立社区矫正档案,包括以下内容:

(一)适用社区矫正的法律文书;

……

10. 请他人代替自己进行社区矫正,会被识破吗?

📢 典型案例

耿某高中毕业后没有去上大学,而是选择了参军。复员后耿某回到了家乡,在等待安排工作期间,他经常和以前的朋友聚会。这天,耿某和几个初中同学又在某饭店吃饭,几个人回忆起了小时候的事情,情绪有点激动,便在饭店大声喧哗起来。饭店的服务员几次劝解都无济于事,最后耿某他们竟和服务员发生了冲突,饭店老板立即打电话报警。最终法院以寻衅滋事罪对耿某宣告缓刑。事后,耿某觉得丢人,不想去接受社区矫正,想让自己的表弟代替自己去。请问,让他人代替进行社区矫正,会被识破吗?

📢 依法解答

根据《社区矫正法》第22条的规定,社区矫正机构接收社区矫正对象,应当核对法律文书、核实身份、办理接收登记、建立档案。同时,《社区矫正法实施办法》第9条第1款第2项也明确规定,核实社区矫正对象的身份是社区矫正机构依法应当履行的职责。由此可知,本案中耿某想让表弟代替自己进行社区矫正是行不通的,因为接收时社区矫正机构会对其进行身份核实,一旦发现有人冒名顶替,其行为就属于消极悔过和接受改造,届时会面临更加严厉的惩罚。

社区矫正是我国"宽严相济"刑事政策的具体体现,社区矫正机关会向社区矫正对象宣告在矫正期间需要遵守的规定。社区矫正对象应该珍惜国家提供的机会,千万不要和法律相抗衡,严格按照相关规定进行改造,早日融入社会,成为真正的自由人。

相关规定

《中华人民共和国社区矫正法》

第二十二条　社区矫正机构应当依法接收社区矫正对象,核对法律文书、核实身份、办理接收登记、建立档案,并宣告社区矫正对象的犯罪事实、执行社区矫正的期限以及应当遵守的规定。

《中华人民共和国社区矫正法实施办法》

第九条　社区矫正机构是县级以上地方人民政府根据需要设置的,负责社区矫正工作具体实施的执行机关。社区矫正机构依法履行以下职责:

……

(二)接收社区矫正对象,核对法律文书、核实身份、办理接收登记,建立档案;

……

11. 社区矫正对象需要增强哪些观念?

典型案例

黄某是一名国家机关工作人员,工作没过几年,他便利欲熏心,多次滥用职权为自己谋取不当利益。不久,事情败露,黄某被判处10年有期徒刑。后因病被暂予监外执行。在接受社区矫正期间,黄某不服从监管,还经常唆使其他矫正对象违反相关监管规定,对社区矫正工作造成了恶劣影响。请问:黄某的行为符合法律规定吗？作为社区矫正对象，黄某需要增强哪些观念？

📢 依法解答

　　黄某的行为显然不符合相关的法律规定。有不少社区矫正对象因为没有认清自己的身份，或者不主动接受矫正机构管理，或者再次触犯法律，而被收监执行，当认识到错误时已经悔之晚矣。造成这一结果的根本原因就是这些社区矫正对象缺乏接受教育改造的观念和意识，没有认识到自己行为的错误性。因此，社区矫正对象一定要牢固树立和强化身份意识，养成遵纪守法的行为习惯，坚守住"三条线"。

　　具体而言，强化身份意识，是指要强化认罪悔罪的意识。社区开放的环境和相对自由的条件会使一些社区矫正对象淡忘了自己服刑人员的身份，放松对自己的要求。强化"身份意识"不是贴标签，而是让社区矫正对象在思想意识上始终不忘自己的特殊身份，珍惜能够在社区矫正的机会。

　　养成遵纪守法的行为习惯，是指要认真遵守我国《刑法》《治安管理处罚法》和《社区矫正法实施办法》等相关法律规定，熟知社区矫正对象的行为规范。行为习惯养成的直接体现就是认真执行定期报到制度，积极参加社区服务和教育学习活动。

　　坚守住"三条线"，是指坚守"法律红线""规范警戒线""公民道德底线"三条线。"法律红线"要求社区矫正对象坚决不能触碰违反法律这一红线，主动接受社区矫正机构定期开展的法治教育，避免再次走向违法犯罪。"规范警戒线"是指社区矫正对象应该将社区矫正的行为规范作为重点学习内容，顺利完成社区矫正。"公民道德底线"是指要了解道德常识，遵守社会公德，遵守社会公共秩序，牢固树立规矩意识、诚信意识，恪守道德底线。

　　本案中，黄某应当增强上述观念，矫正自己的恶习，从而避免脱管和重新犯罪等可能被收监执行的情形，顺利解除社区矫正，早日融入社会。

相关规定

《中华人民共和国社区矫正法》

第三十六条 社区矫正机构根据需要，对社区矫正对象进行法治、道德等教育，增强其法治观念，提高其道德素质和悔罪意识。

……

第四十二条 社区矫正机构可以根据社区矫正对象的个人特长，组织其参加公益活动，修复社会关系，培养社会责任感。

第二章

社区矫正对象的日常管理规范

12. 在社区矫正期间请假应履行什么程序？

典型案例

方某因交通肇事罪被法院判处有期徒刑 2 年，缓刑 1 年，判决生效后，方某就在居住地执行社区矫正。然而，在第二年春天，方某的母亲病重，他想赶回老家看望。可是，由于方某正处于社区矫正期间，不知道该如何请假。请问，社区矫正对象需要请假的，应该怎么办？

依法解答

在接受社区矫正期间，社区矫正对象虽然不像监禁服刑犯在监狱那样人身自由受到限制，但是其活动也不是随心所欲的，如因医疗、探亲等正当理由需要暂时离开所居住的市、县的，应当向社区矫正机构履行请销假手续。对此，我国《社区矫正法实施办法》第 27 条规定，社区矫正对象确需离开所居住的市、县的，一般应当提前 3 日提交书面申请，并需要如实提供外出办事的证明材料，例如，需要去外地就医的，应当提供诊断证明；因工作需要去外地出差的，应当提供单位证明；需要去外地上学的，应当提供入学证明；需要去外地参加诉讼的，应当提供相应的法律文书；等等。在社区矫正对象提交请假申请及相关的证明材料后，接下来就是按照请假时间的长短，分别由不同的职责部门进行审批。此外，经过批准外出的社区矫正对象，返回时，必须及时报告并销假。如果社区矫正对象未经批准擅自离开所在区域或未按时销假的，按有关法律规定处理。因此，在本案中，方某如果要请假去看望自己的母亲，需要按照规定办理请假手续和相关材料证明，如提供母亲的病危通知书等。

相关规定

《中华人民共和国社区矫正法实施办法》

第二十六条 社区矫正对象未经批准不得离开所居住市、县。确有正当理由需要离开的，应当经执行地县级社区矫正机构或者受委托的司法所批准。

社区矫正对象外出的正当理由是指就医、就学、参与诉讼、处理家庭或者工作重要事务等。

前款规定的市是指直辖市的城市市区、设区的市的城市市区和县级市的辖区。在设区的同一市内跨区活动的，不属于离开所居住的市、县。

第二十七条 社区矫正对象确需离开所居住的市、县的，一般应当提前三日提交书面申请，并如实提供诊断证明、单位证明、入学证明、法律文书等材料。

申请外出时间在七日内的，经执行地县级社区矫正机构委托，可以由司法所批准，并报执行地县级社区矫正机构备案；超过七日的，由执行地县级社区矫正机构批准。执行地县级社区矫正机构每次批准外出的时间不超过三十日。

因特殊情况确需外出超过三十日的，或者两个月内外出时间累计超过三十日的，应报上一级社区矫正机构审批。上一级社区矫正机构批准社区矫正对象外出的，执行地县级社区矫正机构应当及时通报同级人民检察院。

第二十八条 ……

社区矫正对象应在外出期限届满前返回居住地，并向执行地县级社区矫正机构或者司法所报告，办理手续。因特殊原因无法按期返回的，应及时向社区矫正机构或者司法所报告情况。发现社区矫正对象违反外出管理规定的，社区矫正机构应当责令其立即返回，并视情节依法予以处理。

13. 换了工作单位，需要向社区矫正机构报告吗？

典型案例

黄某是某市罐头加工厂的一名员工，因危险驾驶罪被法院依法判处拘役 6 个月，缓刑 6 个月。黄某认识到了自己的错误，便在社区矫正期间认真改造，争取不再执行原刑罚。后来，由于黄某所在的罐头加工厂面临倒闭的危险，很多员工纷纷辞职，寻找新的工作。黄某也递交了辞职信，准备到表姐的服装公司工作。那么请问，黄某作为社区矫正对象要想更换工作单位，是否需要向社区矫正机构报告？

依法解答

根据我国《社区矫正法实施办法》第 24 条第 1 款的规定，社区矫正对象发生居所变化、工作变动、家庭重大变故以及接触对其矫正可能产生不利影响人员等情况时，应当及时报告。由此可见，工作变动属于报告事项。法律之所以这样规定，是因为大至工作环境、工作性质，小至工作中的人际关系，这些都关乎着社区矫正对象的改造。一份积极向上的工作和一个阳光和谐的团队，对一个正在接受社区矫正的人来说，是非常有利的。如果相反，则对社区矫正对象非常不利。因此，社区矫正对象变动工作的，一定要向社区矫正机构报告，以便社区矫正机构能够及时掌握其动向，把社区矫正工作调整到最好。因此，在本案中，黄某在社区矫正期间更换工作单位是要向社区矫正机构进行报告的。

相关规定

《中华人民共和国社区矫正法实施办法》

第二十四条　社区矫正对象应当按照有关规定和社区矫正机构的要求，定期报告遵纪守法、接受监督管理、参加教育学习、公益活动和社会活动等情况。发生居所变化、工作变动、家庭重大变故以及接触对其矫正可能产生不利影响人员等情况时，应当及时报告。被宣告禁止令的社区矫正对象应当定期报告遵守禁止令的情况。

……

14. 在社区矫正期间丧偶，是否需要向社区矫正机构报告？

典型案例

钱某因故意伤害罪被判处有期徒刑10年，其在监狱执行了8年刑罚之后，因表现良好，被裁定假释，执行社区矫正。然而，在钱某进行社区矫正期间，他的妻子因突发脑出血去世。对此，钱某非常伤心。他的朋友告诉他，应该将其妻子去世的消息向社区矫正机构报告。钱某很疑惑，觉得自己的妻子去世，应该和自己进行社区矫正没有什么关系，不需要报告。那么请问，社区矫正对象在社区矫正期间丧偶的，是否需要向社区矫正机构报告？

依法解答

根据我国《社区矫正法实施办法》第24条第1款的规定，社区矫正对象发生居所变化、工作变动、家庭重大变故以及接触对其矫正可能产生不利影响人员等情况时，应当及时报告。其中，社区矫正对象丧偶属于家庭重大变故，应该向对其执行社区矫正的社区矫正机构报告。家庭重大变故尤其关系着社区矫正对象的心理矫正，对其改造有重大影响。因此，当家庭出现重大变故时，向社区矫正机构进行报告是很有必要的。所以，按照法律规定，钱某应该将其妻子去世的情况向社区矫正机构报告。

相关规定

《中华人民共和国社区矫正法实施办法》

第二十四条 社区矫正对象应当按照有关规定和社区矫正机构的要求，定期报告遵纪守法、接受监督管理、参加教育学习、公益活动和社会活动等情况。发生居所变化、工作变动、家庭重大变故以及接触对其矫正可能产生不利影响人员等情况时，应当及时报告。被宣告禁止令的社区矫正对象应当定期报告遵守禁止令的情况。

……

15. 保外就医人员应该多久报告一次身体情况？

📢 典型案例

王某因抢劫罪被判处有期徒刑 15 年。在服刑 10 年后，王某被查出患有肝硬化，必须马上进行治疗，否则将会有生命危险。因此，王某便向监狱申请保外就医。在经过审查之后，王某被批准保外就医。之后，王某按照规定到当地的社区矫正机构报到，社区矫正机构的工作人员告诉他需要定期报告其身体状况。那么请问，保外就医的人员应当多久向社区矫正机构报告一次自己的身体状况？

📢 依法解答

所谓保外就医，是指被判处有期徒刑或拘役的罪犯因患有严重疾病，经有关机关批准在监外医治。依据法律规定，保外就医的人员需要定期向社区矫正机构报告自己的身体状况，以便社区矫正机构对此有所了解。关于汇报问题，我国《社区矫正法实施办法》第 24 条第 2 款明确规定，保外就医的，应当到省级人民政府指定的医院检查，每 3 个月向执行地县级社区矫正机构、受委托的司法所提交病情复查情况。可见，一般情况下，保外就医人员在接受社区矫正期间，每 3 个月就要提交一次其病情的复查情况。如果要调整报告身体状况的时间，需要向相应的部门申请并获得批准。所以，在本案中，王某应该每 3 个月向社区矫正机构报告一次自己的身体状况。

📢 相关规定

《中华人民共和国社区矫正法实施办法》

第二十四条 ……

暂予监外执行的社区矫正对象应当每个月报告本人身体情况。

保外就医的，应当到省级人民政府指定的医院检查，每三个月向执行地县级社区矫正机构、受委托的司法所提交病情复查情况。执行地县级社区矫正机构根据社区矫正对象的病情及保证人等情况，可以调整报告身体情况和提交复查情况的期限。延长一个月至三个月以下的，报上一级社区矫正机构批准；延长三个月以上的，逐级上报省级社区矫正机构批准。批准延长的，执行地县级社区矫正机构应当及时通报同级人民检察院。

……

16. 保外就医的社区矫正对象无正当理由不按时提交病情复查情况，会受到什么处分？

典型案例

汪某因参与盗窃被判处3年有期徒刑，在服刑半年后，因患有严重呼吸功能障碍而向司法机关申请保外就医。汪某保外就医的申请得到了司法机关的许可，但同时要接受社区矫正，而且需要按时提交病情复查情况。汪某因嫌麻烦，在提交了一次病情复查情况后，就没有再提交了。请问，汪某不按时提交病情复查情况会受到什么处分？

依法解答

保外就医是监外执行方式之一，是对监狱里的罪犯接受治疗权利的一种保障，体现了国家的制度关怀，也体现了对生命的尊重。但是在现实生活中，难免会有人利用保外就医来逃避法律制裁。因此，为保证保外就医能得到正确有效的实施，我国《社区矫正法实施办法》第24条第2款规定，保外就医的，应当到省级人民政府指定的医院检查，每 3 个月向执行地县级社区矫正机构、受委托的司法所提交病情复查情况。案例中的汪某没有按时提交病情复查情况，依照我国《社区矫正法实施办法》第 35 条第 4 项及第 49 条第 1 款第 5 项的规定，应由县级社区矫正机构给予警告处罚，并出具书面决定，督促其遵守规定，按时提交病情复查情况。保外就医期间不按规定提交病情复查情况，经警告拒不改正的，由执行地县级社区矫正机构提出收监执行建议。

相关规定

《中华人民共和国社区矫正法实施办法》

第二十四条 ……

暂予监外执行的社区矫正对象应当每个月报告本人身体情况。保外就医的，应当到省级人民政府指定的医院检查，每三个月向执行地县级社区矫正机构、受委托的司法所提交病情复查情况。执行地县级社区矫正机构根据社区矫正对象的病情及保证人等情况，可以调整报告身体情况和提交复查情况的期限。延长一个月至三个月以下的，报上一级社区矫正机构批准；延长三个月以上的，逐级上报省级社区矫正机构批准。批准延长的，执行地县级社区矫正机构应当及时通报同级人民检察院。

……

第三十五条 社区矫正对象具有下列情形之一的，执行地县级社区矫正机构应当给予警告：

……

（四）保外就医的社区矫正对象无正当理由不按时提交病情复查情况，经教育仍不改正的；

……

第四十九条 暂予监外执行的社区矫正对象有下列情形之一

的，由执行地县级社区矫正机构提出收监执行建议：

……

（五）保外就医期间不按规定提交病情复查情况，经警告拒不改正的；

……

17. 社区矫正对象必须参加公益活动吗？

🔊 典型案例

董某曾因过失致人死亡罪被判处有期徒刑 7 年。后来，由于他在监狱中遵守监规，认真学习，积极改造，被裁定假释。董某在被假释之后，便按照要求到其居住地的社区矫正机构接受社区矫正，进行改造。由于董某具有劳动能力，社区矫正机构告诉他要每月按时参加公益活动。但是，董某觉得要求自己每月参加公益活动也就是个形式上的事情，即便自己不参加也不会怎么样。那么请问，社区矫正对象必须参加公益活动吗？

🔊 依法解答

组织社区矫正对象参加公益活动，能够让其增强对社会的责任感，有利于改掉不良恶习，更快地融入社会。对此，我国《社区矫正法实施办法》第 44 条规定，执行地县级社区矫正机构、受委托的司法所按照符合社会公共利益的原则，可以根据社区矫正对象的劳动能力、健康状况等情况，组织社区矫正对象参加公益活动。其中，公益劳动属于公益活动之一。所以，在社区矫正机构组织公益活动时，有劳动能力的社区矫正对象应当参加。这与我国刑罚中实行劳动改造和教育改造相结合的原则相一致，也符合社区矫正中通过社区矫正对象的劳动来修复社会关系的本义。在本案中，董某应积极参加社区组织的公益活动。

📢 相关规定

《中华人民共和国社区矫正法实施办法》

第四十四条　执行地县级社区矫正机构、受委托的司法所按照符合社会公共利益的原则，可以根据社区矫正对象的劳动能力、健康状况等情况，组织社区矫正对象参加公益活动。

18. 被适用"禁止令"的社区矫正对象应当注意哪些问题？

📢 典型案例

周某是某药业有限公司的业务经理，因行贿罪被依法判处有期徒刑1年，缓刑1年。同时，法院还对周某宣告禁止令，要求其在缓刑考验期间不得从事与药品和医疗器械相关的活动。在周某按照要求到社区矫正机构进行报到之后，工作人员告诉他，他是被适用禁止令的人员，需要特别注意自己的行为，否则，一旦违反禁止令很可能会受到处罚，甚至被撤销缓刑。那么请问，被适用"禁止令"的社区矫正对象应当注意哪些问题？

📢 依法解答

根据《最高人民法院、最高人民检察院、公安部、司法部关于对判处管制、宣告缓刑的犯罪分子适用禁止令有关问题的规定（试行）》的相关规定，对判处管制、宣告缓刑的犯罪分子，人民法院根据犯罪情况，确有必要禁止其在管制执行期间、缓刑考验期限内从事特定活动，进入特定区域、场所，接触特定人的，可以根据刑法规定宣告禁止令。比如可以根据犯罪情况，宣告管制人员矫正期间禁止接触同案犯。

而对于被管制、宣告缓刑的犯罪分子，按照法律规定会被执行社区矫正。那么，对于社区矫正对象违反禁止令规定的，我国《社区矫正法实施办法》第35条第1项、第36条规定，违反人民法院禁止令，情节轻微的，给予警告处分；需要给予治安管理处罚的，由公安机关依法给予处罚；情节严重的，撤销缓行。

由此可见，被适用禁止令的社区矫正对象在社区矫正期间，一定要注意遵守禁止令的规定。根据法院禁止令的内容，不得从事特定活动，进入特定区域、场所，接触特定的人，并且，要定期向社区矫正机构报告遵守禁止令的情况。而在本案中，根据法院禁止令的规定，周某在缓刑考验期内要注意不得从事与药品和医疗器械相关的活动。否则，一旦违反规定，就要面临法律的惩罚，轻则警告，重则收监执行。

相关规定

《中华人民共和国社区矫正法实施办法》

第二十四条　社区矫正对象应当按照有关规定和社区矫正机构的要求，定期报告遵纪守法、接受监督管理、参加教育学习、公益活动和社会活动等情况。发生居所变化、工作变动、家庭重大变故以及接触对其矫正可能产生不利影响人员等情况时，应当及时报告。被宣告禁止令的社区矫正对象应当定期报告遵守禁止令的情况。

……

第三十五条　社区矫正对象具有下列情形之一的，执行地县级社区矫正机构应当给予警告：

（一）违反人民法院禁止令，情节轻微的；

……

第三十六条 社区矫正对象违反监督管理规定或者人民法院禁止令,依法应予治安管理处罚的,执行地县级社区矫正机构应当及时提请同级公安机关依法给予处罚,并向执行地同级人民检察院抄送治安管理处罚建议书副本,及时通知处理结果。

第四十六条 社区矫正对象在缓刑考验期内,有下列情形之一的,由执行地同级社区矫正机构提出撤销缓刑建议:

(一)违反禁止令,情节严重的;

……

《最高人民法院、最高人民检察院、公安部、司法部关于对判处管制、宣告缓刑的犯罪分子适用禁止令有关问题的规定(试行)》

第一条 对判处管制、宣告缓刑的犯罪分子,人民法院根据犯罪情况,认为从促进犯罪分子教育矫正、有效维护社会秩序的需要出发,确有必要禁止其在管制执行期间、缓刑考验期限内从事特定活动,进入特定区域、场所,接触特定人的,可以根据刑法第三十八条第二款、第七十二条第二款的规定,同时宣告禁止令。

第十二条 ……

违反禁止令,具有下列情形之一的,应当认定为"情节严重":

(一)三次以上违反禁止令的;

(二)因违反禁止令被治安管理处罚后,再次违反禁止令的;

(三)违反禁止令,发生较为严重危害后果的;

(四)其他情节严重的情形。

19. 在同一社区矫正机构管辖区内搬家,也需要报告吗?

📢 典型案例

文某是一名社区矫正对象。在社区矫正之初,他跟随父母居住在位于 A 小区的父母单位的家属楼。就在文某执行社区矫正的第五年，他父母所在的单位由于改制，将分给员工居住的家属楼收回，用于办公。为此，文某及其父母在不远处的 B 小区租了房子，一家三口搬到了 B 小区暂住。那么，请问像文某这种搬家后没有迁出同一社区矫正机构管辖区的，还需要向社区矫正机构报告吗？

依法解答

社区矫正对象在接受社区矫正的过程中，搬家是很常见的。这里的搬家，指的是未搬离某一社区矫正机构管辖区域的"搬家"。因为如果搬到其他区域，就要经过批准了。对于社区矫正对象搬家是否需要报告的问题，我国《社区矫正法实施办法》第 24 条第 1 款规定，社区矫正对象发生居所变化、工作变动、家庭重大变故以及接触对其矫正可能产生不利影响人员等情况时，应当及时报告。由此可见，社区矫正对象搬家属于居所变化，是需要报告的。因此，文某应该及时向对其进行社区矫正的机构报告。

相关规定

《中华人民共和国社区矫正法实施办法》

第二十四条　社区矫正对象应当按照有关规定和社区矫正机构的要求，定期报告遵纪守法、接受监督管理、参加教育学习、公益活动和社会活动等情况。发生居所变化、工作变动、家庭重大变故以及接触对其矫正可能产生不利影响人员等情况时，应当及时报告。被宣告禁止令的社区矫正对象应当定期报告遵守禁止令的情况。

……

20. 社区矫正方案一经制定还能调整吗?

📢 典型案例

正在接受社区矫正的谭某,按照社区矫正小组当初为其制定的矫正方案,每个周末都要到镇养老院做义工,帮助那里的工作人员干活。后来,由于镇政府规划拆迁,镇养老院被迁至其他地方,不在谭某进行社区矫正所在的活动区域了。如此,谭某就不能去镇养老院参加公益活动了。那么,关于谭某的社区矫正方案的公益活动这项内容,是不是就应该更改一下呢?

📢 依法解答

当初制定矫正方案所依据的客观形势变化了,那方案内容理应也跟着改变,这是毋庸置疑的。更何况,对于社区矫正方案的变更问题,我国《社区矫正法实施办法》第 22 条第 3 款也明确规定:"矫正方案应当根据分类管理的要求、实施效果以及社区矫正对象的表现等情况,相应调整。"由此可见,社区矫正机构为某一社区矫正对象制定的社区矫正方案,可以随着客观形势的变化,按照矫正方案的实施情况进行相应的调整和改变。案例中,对于谭某定期到镇养老院做义工的矫正方案内容也要相应地进行调整。

📢 相关规定

《中华人民共和国社区矫正法实施办法》
第二十二条 ……
矫正方案应当根据分类管理的要求、实施效果以及社区矫正对象的表现等情况,相应调整。

21. 经常被"以前的朋友"找上门，需要向社区矫正机构报告吗？

🔊 典型案例

刘某犯罪后被依法判处管制。在接受社区矫正期间，以前和刘某一起混的"朋友"总是来找他，还称已经加入了某某团伙，挣的钱多，日子也过得很好。刘某在被判刑以后，一心想好好改造，但是这些"以前的朋友"总是来找他，让他很苦恼。那么，刘某是不是应该将此事向社区矫正机构进行报告呢？

🔊 依法解答

根据我国《社区矫正法实施办法》第 24 条第 1 款的规定，社区矫正对象发生居所变化、工作变动、家庭重大变故以及接触对其矫正可能产生不利影响人员等情况时，应当及时报告。由此可见，社区矫正对象接触不良朋友时，应该向社区矫正机构进行报告。刘某"以前的朋友"常常来找他，足以对其产生不利的影响。因此，刘某应该向社区矫正机构进行汇报，以寻求相应的帮助。

🔊 相关规定

《中华人民共和国社区矫正法实施办法》

第二十四条 社区矫正对象应当按照有关规定和社区矫正机构的要求，定期报告遵纪守法、接受监督管理、参加教育学习、公益活动和社会活动等情况。发生居所变化、工作变动、家庭重大变故以及接触对其矫正可能产生不利影响人员等情况时，应当及时报告。被宣告禁止令的社区矫正对象应当定期报告遵守禁止令的情况。

……

22. 什么是"脱管"？脱管有什么后果？

典型案例

李某被法院裁定假释并执行社区矫正。但李某只按照规定报到过一次，之后再未接受矫正。社区矫正机构经多次查找李某，其仍下落不明后，遂向法院提请撤销对李某的假释，后法院作出撤销假释的裁定。那么请问，李某是否属于脱管？其要承担什么后果？

依法解答

脱管，即社区矫正对象脱离了社区矫正机构的管理，也就是社区矫正机构发现社区矫正对象"失联"了。形成脱管的原因主要是社区矫正对象故意不按照规定接受社区矫正管理，不向社区矫正机构报到，或者社区矫正机构联系不上。本案中，李某属于脱管。

脱管的后果比较严重，根据我国《社区矫正法实施办法》第35条第2项的规定，社区矫正对象不按规定时间报到或者接受社区矫正期间脱离监管，超过10日的，由执行地县级社区矫正机构给予警告。第46条第1款第2项规定，社区矫正对象在缓刑考验期内，无正当理由不按规定时间报到或者接受社区矫正期间脱离监管，超过1个月的，由执行地同级社区矫正机构提出撤销缓刑建议。第47条第1款第1项规定，社区矫正对象在假释考验期内，无正当理由不按规定时间报到或者接受社区矫正期间脱离监管，超过1个月的，由执行地同级社区矫正机构提出撤销假释建议。由此可知，社区矫正对象脱管可能会导致被给予警告，严重的还可能被撤销缓刑或假释而收监。所以社区矫正对象一定要牢记，脱管只会对自己不利，一定要主动接受社区矫正机构的监督管理，争取顺利完成社区矫正，尽快融入社会。

相关规定

《中华人民共和国社区矫正法实施办法》

第三十五条 社区矫正对象具有下列情形之一的,执行地县级社区矫正机构应当给予警告:

……

(二)不按规定时间报到或者接受社区矫正期间脱离监管,超过十日的;

……

第四十六条 社区矫正对象在缓刑考验期内,有下列情形之一的,由执行地同级社区矫正机构提出撤销缓刑建议:

……

(二)无正当理由不按规定时间报到或者接受社区矫正期间脱离监管,超过一个月的;

……

第四十七条 社区矫正对象在假释考验期内,有下列情形之一的,由执行地同级社区矫正机构提出撤销假释建议:

(一)无正当理由不按规定时间报到或者接受社区矫正期间脱离监管,超过一个月的;

……

23. 矫正期间能出境旅游吗?

典型案例

小刘的母亲早已去世,他的父亲用一辈子攒下来的积蓄给他娶了媳妇。小刘结婚没过多久,他的父亲便得了重病,没有钱医治。

为了给父亲治病,小刘偷了邻居1万元钱,但父亲还是因医治无效去世了。同时,小刘因盗窃被判处1年有期徒刑,缓刑2年,依法实行社区矫正。在小刘接受矫正期间,他的妻子买东西时中了大奖,可以享受某公司赞助的"新马泰双人五日游"。能和妻子一起出去旅游是小刘多年的心愿,现在终于有了这么好的机会,小刘认为只要向社区矫正机构申请外出就可以了。请问,小刘出境旅游的申请会被社区矫正机构批准吗?

依法解答

我国《社区矫正法实施办法》第26条规定,社区矫正对象未经批准不得离开所居住市、县。确有就医、就学、参与诉讼、处理家庭或者工作重要事务等正当理由需要离开的,应当经执行地县级社区矫正机构或者受委托的司法所批准。由此可见,社区矫正对象确需离开所居住的市、县的,必须报经批准。这样看来,似乎只要申请被批准,社区矫正对象就可以自由行动。但是,上述规定的是社区矫正对象经批准可以离开居住的市、县,并不是可以出境,所以社区矫正对象是被禁止出境的。同时,根据我国《出境入境管理法》第12条第2项的规定,被判处刑罚尚未执行完毕或者属于刑事案件被告人、犯罪嫌疑人的不准出境。本案中,小刘是社区矫正对象,虽然未在狱中服刑,但也属于法律规定的被判处刑罚尚未执行完毕的人。在实践中,社区矫正对象会被社区矫正机构列为法定不允许出境人员报备到公安机关出入境管理部门,所以,小刘无法出境旅游。

相关规定

《中华人民共和国社区矫正法实施办法》

第二十六条 社区矫正对象未经批准不得离开所居住市、县。确有正当理由需要离开的,应当经执行地县级社区矫正机构或者受委托的司法所批准。

社区矫正对象外出的正当理由是指就医、就学、参与诉讼、处理家庭或者工作重要事务等。

前款规定的市是指直辖市的城市市区、设区的市的城市市区和县级市的辖区。在设区的同一市内跨区活动的,不属于离开所居住的市、县。

《中华人民共和国出境入境管理法》

第十二条 中国公民有下列情形之一的,不准出境:

(一)未持有效出境入境证件或者拒绝、逃避接受边防检查的;

(二)被判处刑罚尚未执行完毕或者属于刑事案件被告人、犯罪嫌疑人的;

(三)有未了结的民事案件,人民法院决定不准出境的;

(四)因妨害国(边)境管理受到刑事处罚或者因非法出境、非法居留、非法就业被其他国家或者地区遣返,未满不准出境规定年限的;

(五)可能危害国家安全和利益,国务院有关主管部门决定不准出境的;

(六)法律、行政法规规定不准出境的其他情形。

24. 社区矫正对象听说自己将被收监执行而逃跑的,构成何罪?

典型案例

黄某是一名个体户,某天晚上在和人谈生意时多喝了几杯酒。后来又驾驶机动车回家,途中撞倒了一位行人,被撞者报警后,警察经过勘查现场及对黄某进行酒精测试、抽血检验,认定其为醉酒驾驶机动车。黄某被法院以危险驾驶罪判处拘役6个月。但由于黄某患有严重的心脏病，需要保外就医，法院决定对其暂予监外执行，实行社区矫正。在社区矫正过程中，黄某多次擅自离开居住地，被警告后仍不改正，最终被决定收监执行。黄某得知自己将被收监执行，立即逃跑到外地去了。那么，黄某这种听说将被收监执行而逃跑的行为构成何罪？

📢 依法解答

黄某的行为构成脱逃罪。社区矫正是一种不使罪犯与社会隔离并利用社区资源教育改造罪犯的刑罚执行方式，最终目的是使其顺利融入社会。而收监执行是指监狱按照法定程序将被判处死刑缓期2年执行、无期徒刑、有期徒刑、拘役的罪犯收押入监的刑罚执行方式。收押意味着刑罚执行的开始，即羁押的开始。被暂予监外执行的罪犯在实行社区矫正过程中出现法定情形就会被决定收监执行。而根据我国《刑法》关于脱逃罪的规定，脱逃是指依法被关押的罪犯、被告人、犯罪嫌疑人，从羁押和改造场所逃走的行为。同时，我国《社区矫正法实施办法》第51条第1款规定："撤销缓刑、撤销假释的裁定和收监执行的决定生效后，社区矫正对象下落不明的，应当认定为在逃。"因此，罪犯在社区矫正结束与开始收监执行时逃跑，符合脱逃罪的构成要件。根据我国《社区矫正法》第47条的规定，社区矫正机构可以提请法院对在逃的社区矫正对象予以逮捕。因此，本案中，黄某在暂予监外执行过程中因违反规定被决定收监执行，此时逃跑构成脱逃罪，社区矫正机构应当协助当地公安机关对其进行抓捕。

📢 相关规定

《中华人民共和国刑法》

第三百一十六条 依法被关押的罪犯、被告人、犯罪嫌疑人脱逃的，处五年以下有期徒刑或者拘役。

……

《中华人民共和国社区矫正法》

第四十五条　社区矫正对象被裁定撤销缓刑、假释，被决定收监执行，或者社区矫正对象死亡的，社区矫正终止。

第四十七条　被提请撤销缓刑、假释的社区矫正对象可能逃跑或者可能发生社会危险的，社区矫正机构可以在提出撤销缓刑、假释建议的同时，提请人民法院决定对其予以逮捕。

人民法院应当在四十八小时内作出是否逮捕的决定。决定逮捕的，由公安机关执行。逮捕后的羁押期限不得超过三十日。

第五十条　被裁定撤销缓刑、假释和被决定收监执行的社区矫正对象逃跑的，由公安机关追捕，社区矫正机构、有关单位和个人予以协助。

《中华人民共和国社区矫正法实施办法》

第五十一条　撤销缓刑、撤销假释的裁定和收监执行的决定生效后，社区矫正对象下落不明的，应当认定为在逃。

被裁定撤销缓刑、撤销假释和被决定收监执行的社区矫正对象在逃的，由执行地县级公安机关负责追捕。撤销缓刑、撤销假释裁定书和对暂予监外执行罪犯收监执行决定书，可以作为公安机关追逃依据。

25. 社区矫正对象迁居外地的，应该履行什么手续？

典型案例

A县的付某因交通肇事罪被县人民法院判处有期徒刑1年零2个月，鉴于其是初犯且事后对被撞的人进行了积极赔偿，法院最终决定对付某适用缓刑,缓刑考验期为 2 年,依法实行社区矫正。事后付某积极配合县社区矫正机构进行矫正,定期接受法律及道德教育,提交社区矫正思想汇报,积极投身社区服务。3 个月后,付某因工作原因需要全家搬到 B 县。付某想知道如果他迁居外地的话,需要履行怎样的手续来保证社区矫正的正常执行呢?

依法解答

适用社区矫正的罪犯应当在其居住地的社区接受社区改造,此时居住地的社区矫正机构就担负起了接收罪犯报到并监督管理其日常矫正的责任,主要负责为社区矫正对象确定专门的矫正小组、为社区矫正对象制定矫正方案、建立社区矫正执行档案、对于人民法院禁止令确定需经批准才能进入的特定区域或者场所,社区矫正对象确需进入的作出是否批准的决定。通常情况下社区矫正对象未经批准不得变更居住的县,确需变更居住地的,要经社区矫正机构批准。根据我国《社区矫正法实施办法》第 30 条第 1 款的规定,社区矫正对象因工作、居所变化等原因需要变更执行地的,一般应当提前 1 个月提出书面申请,并提供相应证明材料,由受委托的司法所签署意见后报执行地县级社区矫正机构审批。申请被批准后,相关部门会履行一定的法定程序为社区矫正对象办理交接手续。社区矫正对象在迁居后,会到新的居住地继续执行剩余的社区矫正期限。

相关规定

《中华人民共和国社区矫正法》

第二十七条 社区矫正对象离开所居住的市、县或者迁居,应当报经社区矫正机构批准。社区矫正机构对于有正当理由的,应当批准;对于因正常工作和生活需要经常性跨市、县活动的,可以根据情况，简化批准程序和方式。

因社区矫正对象迁居等原因需要变更执行地的，社区矫正机构应当按照有关规定作出变更决定。社区矫正机构作出变更决定后，应当通知社区矫正决定机关和变更后的社区矫正机构，并将有关法律文书抄送变更后的社区矫正机构。变更后的社区矫正机构应当将法律文书转送所在地的人民检察院、公安机关。

《中华人民共和国社区矫正法实施办法》

第三十条 社区矫正对象因工作、居所变化等原因需要变更执行地的，一般应当提前一个月提出书面申请，并提供相应证明材料，由受委托的司法所签署意见后报执行地县级社区矫正机构审批。

执行地县级社区矫正机构收到申请后，应当在五日内书面征求新执行地县级社区矫正机构的意见。新执行地县级社区矫正机构接到征求意见函后，应当在五日内核实有关情况，作出是否同意接收的意见并书面回复。执行地县级社区矫正机构根据回复意见，作出决定。执行地县级社区矫正机构对新执行地县级社区矫正机构的回复意见有异议的，可以报上一级社区矫正机构协调解决。

经审核，执行地县级社区矫正机构不同意变更执行地的，应在决定作出之日起五日内告知社区矫正对象。同意变更执行地的，应对社区矫正对象进行教育，书面告知其到新执行地县级社区矫正机构报到的时间期限以及逾期报到或者未报到的后果，责令其按时报到。

26. 开始执行社区矫正后，就相当于脱离政府的监管了吗？

📢 典型案例

小胡是个无业游民，平时喜欢浏览黄色网站，还把下载的淫秽视频传播到网络上供更多人观看，最终因传播淫秽物品罪被判处管制 6 个月,并依法实行社区矫正。小胡回到了居住地进行社区矫正,他感觉自己没有进入监狱服刑而是回到社区,就是脱离了政府监管,这种想法正确吗?

依法解答

小胡的想法不正确。社区矫正是一种不使罪犯与社会隔离并利用社区资源教育改造罪犯的方法,罪犯只是不在监狱进行关押,仍需要在其居住的社区接受社区矫正机构的监管。根据我国《社区矫正法实施办法》第 23 条的规定,社区矫正对象的个人生活、工作及所处社区的实际情况都受到社区矫正机构或者受委托的司法所的监管。并且,社区矫正对象还要积极参加社区组织的公益活动,认真学习社区矫正机构开展的教育和心理辅导等工作。

相关规定

《中华人民共和国社区矫正法实施办法》

第二十三条 执行地县级社区矫正机构、受委托的司法所应当根据社区矫正对象的个人生活、工作及所处社区的实际情况,有针对性地采取通信联络、信息化核查、实地查访等措施,了解掌握社区矫正对象的活动情况和行为表现。

27. 社区矫正对象失联的,其家属有义务配合寻找吗?

典型案例

高某年轻气盛,平日里做事很鲁莽。前不久,他在网上结识了一名家住另外一座城市的女性,二人相谈甚欢,不久就产生了感情。一天,高某打算赶赴外地与该网友相见,因超速行驶,撞倒了两名正在走路的行人。最终，高某因交通肇事罪被判处1年有期徒刑，缓期2年执行。在高某接受社区矫正期间，因思念心切，便偷偷跑去和网友相见，并且不接社区矫正工作人员的电话。社区矫正机构立即组织对高某进行查找，并要求其家属如实告知高某的行踪并积极配合寻找。请问：社区矫正对象失去联系的，其家属有法定义务配合寻找吗？

依法解答

根据我国《社区矫正法》第30条的规定，社区矫正对象失去联系的，其家属应当配合寻找。社区矫正的意义在于通过采取非监禁的刑罚执行方式，结合社区矫正工作人员、社区矫正对象家属等群体对罪犯起到监督教育作用，使社区矫正对象得到有效的监管。因社区矫正对象的家属有义务对其活动进行监督管理，督促其遵守监管制度，所以当社区矫正对象脱离监管时，其家属有义务协助查找。同时，因社区矫正对象家属对其生活习惯、人际关系比较熟悉，所以，他们的协助配合能够使查找工作顺利、高效地进行。因此，本案中，高某的家属有义务配合社区矫正机构进行寻找。

相关规定

《中华人民共和国社区矫正法》

第十二条 ……

社区矫正对象的监护人、家庭成员，所在单位或者就读学校应当协助社区矫正机构做好社区矫正工作。

第三十条 社区矫正对象失去联系的，社区矫正机构应当立即组织查找，公安机关等有关单位和人员应当予以配合协助。查找到社区矫正对象后，应当区别情形依法作出处理。

28. 社区矫正对象屡教不改，将面临什么后果？

典型案例

王某喜欢冒险、旅游，一天，他恶意编造恐怖信息故意引起恐慌，严重扰乱了社会秩序。最终，他因编造、传播虚假恐怖信息罪被判处管制。王某在接受社区矫正期间，一开始还能严格遵守相关的监管规定，但是没过多久，喜爱冒险的天性使他无法继续忍受这种束缚，便先后多次未经批准离开所居住的市。社区矫正机构发现后予以警告，但是王某并没有终止这种随意外出的行为。请问：社区矫正对象屡教不改，将面临什么后果？

依法解答

社区矫正对象屡教不改，社区矫正机构可以通知公安机关进行处理。根据我国《社区矫正法》第31条的规定可知，社区矫正对象违反监督管理规定或法院禁止令且屡教不改、制止无效的，矫正机构应当通知公安机关进行处理，提请公安机关对社区矫正对象进行处罚。同时，根据该法第29条第1款第4项的规定，社区矫正对象违反监督管理规定被给予治安管理处罚的，经过批准，可以使用电子定位装置，以加强监督管理。

我国《社区矫正法实施办法》第35条、第36条、第46条、第47条、第49条分别规定了缓刑、假释以及暂予监外执行的社区矫正对象存在屡教不改现象的，社区矫正机构有权向原审人民法院提出撤销缓刑、假释建议书以及暂予监外执行建议书。也就是说，一些社区矫正对象多次违反监管制度且不知改正的，将面临被收监执行的后果。

本案中，王某在社区矫正期间多次违反监管规定且屡教不改，将会受到治安管理处罚，并且还有可能被安装电子定位装置。

📢 相关规定

《中华人民共和国社区矫正法》

第二十九条 社区矫正对象有下列情形之一的，经县级司法行政部门负责人批准，可以使用电子定位装置，加强监督管理：

……

（四）违反监督管理规定，被给予治安管理处罚的；

……

第三十一条 社区矫正机构发现社区矫正对象正在实施违反监督管理规定的行为或者违反人民法院禁止令等违法行为的，应当立即制止；制止无效的，应当立即通知公安机关到场处置。

《中华人民共和国社区矫正法实施办法》

第三十五条 社区矫正对象具有下列情形之一的，执行地县级社区矫正机构应当给予警告：

……

（五）受到社区矫正机构两次训诫，仍不改正的；

……

第三十六条 社区矫正对象违反监督管理规定或者人民法院禁止令，依法应予治安管理处罚的，执行地县级社区矫正机构应当及时提请同级公安机关依法给予处罚，并向执行地同级人民检察院抄送治安管理处罚建议书副本，及时通知处理结果。

第四十六条 社区矫正对象在缓刑考验期内，有下列情形之一的，由执行地同级社区矫正机构提出撤销缓刑建议：

……

（三）因违反监督管理规定受到治安管理处罚，仍不改正的；

（四）受到社区矫正机构两次警告，仍不改正的；

......

第四十七条 社区矫正对象在假释考验期内，有下列情形之一的，由执行地同级社区矫正机构提出撤销假释建议：

......

（二）受到社区矫正机构两次警告，仍不改正的；

......

第四十九条 暂予监外执行的社区矫正对象有下列情形之一的，由执行地县级社区矫正机构提出收监执行建议：

......

（二）未经社区矫正机构批准擅自离开居住的市、县，经警告拒不改正，或者拒不报告行踪，脱离监管的；

（三）因违反监督管理规定受到治安管理处罚，仍不改正的；

（四）受到社区矫正机构两次警告的；

（五）保外就医期间不按规定提交病情复查情况，经警告拒不改正的；

......

29. 社区矫正对象获得表扬需要满足哪些条件？

📢 典型案例

姜某因盗窃罪被 A 法院判处 5 年有期徒刑，在监狱服刑期间，姜某两次被评为改造积极分子。姜某因表现良好，在服刑 3 年半后，获得假释并接受社区矫正。在社区矫正改造期间，姜某服从管理和教育，严格遵守各项规章制度，并严格规范自己的言行。后来姜某表达了要开餐馆的想法，得到了社区矫正机构的支持。在各方的帮助下，姜某的餐馆正式营业。姜某还号召其他没有工作的社区矫正对象来餐馆工作，并进行普法宣传教育等。针对姜某的表现，社区矫正机构对其进行了表扬。请问，社区矫正对象获得表扬需要满足哪些条件？

依法解答

社区矫正对象获得表扬，一般需要满足以下几个条件：承认犯罪事实，并有悔罪表现；遵守法律法规，遵守关于报告、会客、外出、迁居等规定，服从社区矫正工作人员的管理和教育；参与政治、法治、道德教育，完成有关教育课时；积极参与社区劳动和有益健康的社会劳动等。如上述案例中的姜某，在接受社区矫正期间，认识到自己的过错，除了遵守法律法规、服从管理教育外，还主动提出开办餐馆，并让其他没有工作的社区矫正对象参与到劳动就业中。姜某的做法反映了社区矫正机构对他进行的改造起到了良好作用，获得表扬也在情理与法理之中。

相关规定

《中华人民共和国社区矫正法》

第二十八条　社区矫正机构根据社区矫正对象的表现，依照有关规定对其实施考核奖惩。社区矫正对象认罪悔罪、遵守法律法规、服从监督管理、接受教育表现突出的，应当给予表扬。社区矫正对象违反法律法规或者监督管理规定的，应当视情节依法给予训诫、警告、提请公安机关予以治安管理处罚，或者依法提请撤销缓刑、撤销假释、对暂予监外执行的收监执行。

对社区矫正对象的考核结果，可以作为认定其是否确有悔改表现或者是否严重违反监督管理规定的依据。

《中华人民共和国社区矫正法实施办法》

第三十三条　社区矫正对象认罪悔罪、遵守法律法规、服从监督管理、接受教育表现突出的,应当给予表扬。

社区矫正对象接受社区矫正六个月以上并且同时符合下列条件的,执行地县级社区矫正机构可以给予表扬:

(一) 服从人民法院判决,认罪悔罪;

(二) 遵守法律法规;

(三) 遵守关于报告、会客、外出、迁居等规定,服从社区矫正机构的管理;

(四) 积极参加教育学习等活动,接受教育矫正的。

……

30. 在社区矫正期间,也可以被减刑吗?

📢 典型案例

陆某因生产销售假药罪被判处 10 年有期徒刑,在服刑 7 年后,因表现良好获得假释并接受社区矫正。一天,社区某小区住房发生火灾,有一个老人和两个孩子被大火困住。陆某等社区矫正对象正好在附近劳动,见情势危急,奋不顾身地闯入大火中,将老人和孩子救了出来。因陆某等人的救助,这次事故中没有人员伤亡。社区矫正机构对陆某等人予以表扬,并对他们提请减刑。请问,社区矫正对象也可以被减刑吗?

📢 依法解答

根据我国《社区矫正法》第 33 条第 1 款的规定,社区矫正对象在社区矫正期间也是可以获得减刑的。减刑条件依照我国《刑法》第 78 条的规定,有"确有悔改表现的,或者有立功表现的,可以减刑""减刑以后实际执行的刑期不能少于下列期限:(一)

判处管制、拘役、有期徒刑的，不能少于原判刑期的二分之一"等。案例中，陆某在火灾中救人属于有立功表现，而且陆某也已经服刑7年，实际执行的刑期超过原判刑期的一半，依法可以对其予以减刑。具体减刑的程序，我国《社区矫正法》第33条、《社区矫正法实施办法》第33条第3款、第42条以及《刑事诉讼法》第273条第2款作了明确规定。

相关规定

《中华人民共和国社区矫正法》

第三十三条 社区矫正对象符合刑法规定的减刑条件的，社区矫正机构应当向社区矫正执行地的中级以上人民法院提出减刑建议，并将减刑建议书抄送同级人民检察院。

人民法院应当在收到社区矫正机构的减刑建议书后三十日内作出裁定，并将裁定书送达社区矫正机构，同时抄送人民检察院、公安机关。

《中华人民共和国社区矫正法实施办法》

第三十三条 ……

社区矫正对象接受社区矫正期间，有见义勇为、抢险救灾等突出表现，或者帮助他人、服务社会等突出事迹的，执行地县级社区矫正机构可以给予表扬。对于符合法定减刑条件的，由执行地县级社区矫正机构依照本办法第四十二条的规定，提出减刑建议。

第四十二条 社区矫正对象符合法定减刑条件的，由执行地县级社区矫正机构提出减刑建议书并附相关证据材料，报经地（市）社区矫正机构审核同意后，由地（市）社区矫正机构提请执行地的中级人民法院裁定。

依法应由高级人民法院裁定的减刑案件，由执行地县级社区矫正机构提出减刑建议书并附相关证据材料，逐级上报省级社区矫正机构审核同意后,由省级社区矫正机构提请执行地的高级人民法院裁定。

人民法院应当自收到减刑建议书和相关证据材料之日起三十日内依法裁定。

社区矫正机构减刑建议书和人民法院减刑裁定书副本,应当同时抄送社区矫正执行地同级人民检察院、公安机关及罪犯原服刑或者接收其档案的监狱。

《中华人民共和国刑法》

第七十八条 被判处管制、拘役、有期徒刑、无期徒刑的犯罪分子,在执行期间,如果认真遵守监规,接受教育改造,确有悔改表现的,或者有立功表现的,可以减刑;有下列重大立功表现之一的,应当减刑:

(一)阻止他人重大犯罪活动的;

(二)检举监狱内外重大犯罪活动,经查证属实的;

(三)有发明创造或者重大技术革新的;

(四)在日常生产、生活中舍己救人的;

(五)在抗御自然灾害或者排除重大事故中,有突出表现的;

(六)对国家和社会有其他重大贡献的。

减刑以后实际执行的刑期不能少于下列期限:

(一)判处管制、拘役、有期徒刑的,不能少于原判刑期的二分之一;

(二)判处无期徒刑的,不能少于十三年;

(三)人民法院依照本法第五十条第二款规定限制减刑的死刑缓期执行的犯罪分子,缓期执行期满后依法减为无期徒刑的,不能少于二十五年,缓期执行期满后依法减为二十五年有期徒刑的,不能少于二十年。

《中华人民共和国刑事诉讼法》

第二百七十三条 ……

被判处管制、拘役、有期徒刑或者无期徒刑的罪犯，在执行期间确有悔改或者立功表现，应当依法予以减刑、假释的时候，由执行机关提出建议书，报请人民法院审核裁定，并将建议书副本抄送人民检察院。人民检察院可以向人民法院提出书面意见。

第三章

针对社区矫正对象的帮扶与教育

31. 什么是矫正小组？矫正小组通常由哪些人员组成？

📢 典型案例

黄某是 A 科技公司的一名技术工作人员，平日里经常和电脑打交道，业余时间浏览黄色网站并将视频下载下来制作成光盘出售。后来，其因贩卖淫秽物品罪被法院判处管制 6 个月，在社区进行矫正。判决生效后，黄某回到其居住的小区，社区矫正机构工作人员告诉他，将为其成立矫正小组，对其日常生活进行监督管理。那么矫正小组究竟是什么？通常由哪些人组成呢？

📢 依法解答

矫正小组就是协助社区矫正执行机构对社区矫正对象进行监督管理和教育帮助的一组人员，根据我国《社区矫正法》第 25 条和《社区矫正法实施办法》第 19 条第 1 款的规定，社区矫正机构应当为社区矫正对象确定矫正小组，协助社区矫正机构开展监督管理工作。矫正小组由社区矫正机构工作人员、居民委员会或者村民委员会工作人员、社区矫正对象的家庭成员或者监护人、保证人，所在单位或者就读学校人员以及社会工作者、志愿者等组成。本案中，黄某作为社区矫正对象，当地社区矫正机构应当为其成立专门的矫正小组，人员构成应该包括社区矫正机构工作人员、所在小区居民委员会工作人员、黄某家人、黄某所在单位A科技公司人员以及社会工作者、志愿者。这样多领域组合而成的矫正小组，有助于对黄某进行全面的监督、管理、教化工作，帮助其有效矫正改造。

相关规定

《中华人民共和国社区矫正法》

第二十五条 社区矫正机构应当根据社区矫正对象的情况，为其确定矫正小组，负责落实相应的矫正方案。

根据需要，矫正小组可以由司法所、居民委员会、村民委员会的人员，社区矫正对象的监护人、家庭成员，所在单位或者就读学校的人员以及社会工作者、志愿者等组成。社区矫正对象为女性的，矫正小组中应有女性成员。

《中华人民共和国社区矫正法实施办法》

第十九条 执行地县级社区矫正机构、受委托的司法所应当为社区矫正对象确定矫正小组，与矫正小组签订矫正责任书，明确矫正小组成员的责任和义务，负责落实矫正方案。

……

32. 社区矫正对象必须参加社区矫正机构举办的教育学习吗？

典型案例

王某是T县某村的党支部书记，在职期间多次利用职务便利虚报国家征收土地亩数，套取国家土地征收补偿款。之后，王某因贪污罪被判处有期徒刑 3 年，缓期 4 年执行。判决生效后，王某到当地社区矫正机构接受社区矫正。当地社区矫正机构为了增强社区矫正对象的法治观念，提高其道德素质，决定开展一次为期两天的思想教育活动，向社区矫正对象介绍当前法治和国家形势、政策等问题。王某得知要举办这个活动后，表示自己之前是党员，对国家的政治、法律情况了解得差不多了，就没有必要再学习了，因此拒绝参加思想教育活动。请问，王某的这种行为可取吗？

依法解答

王某的行为是不可取的，其必须参加社区矫正机构举办的教育学习活动。对于社区矫正对象来说，教育学习既是权利，也是义务。根据我国《社区矫正法》第 36 条的规定，社区矫正机构根据需要，对社区矫正对象进行法治、道德等教育，增强其法治观念，提高其道德素质和悔罪意识。社区矫正对象应当主动、按时参加社区矫正机构开展的教育学习，除因法定原因确实无法参加的外，都必须参加。同时，我国《社区矫正法实施办法》第 24 条第 1 款规定，社区矫正对象应当按照有关规定和社区矫正机构的要求，定期报告遵纪守法、接受监督管理、参加教育学习、公益活动和社会活动等情况。该实施办法不但规定了社区矫正对象参加教育学习的义务，还具体规定了其参加学习的内容和时间。对社区矫正对象来说，教育学习不仅是改变其内在思维模式、提高对社会认同感的重要机会，更是取得其他社会成员认可和肯定的良好途径，有利于其更快更顺利地融入社区、社会。因此，社区矫正对象除因特殊情形外，应当积极接受教育矫正，不得无故逃避。

📢 相关规定

《中华人民共和国社区矫正法》

第三十六条 社区矫正机构根据需要，对社区矫正对象进行法治、道德等教育，增强其法治观念，提高其道德素质和悔罪意识。

对社区矫正对象的教育应当根据其个体特征、日常表现等实际情况，充分考虑其工作和生活情况，因人施教。

《中华人民共和国社区矫正法实施办法》

第二十四条 社区矫正对象应当按照有关规定和社区矫正机构的要求，定期报告遵纪守法、接受监督管理、参加教育学习、公益活动和社会活动等情况。发生居所变化、工作变动、家庭重大变故以及接触对其矫正可能产生不利影响人员等情况时，应当及时报告。被宣告禁止令的社区矫正对象应当定期报告遵守禁止令的情况。

……

33. 公益活动可以安排高危作业吗？

📢 典型案例

小王因盗窃罪被判处2年有期徒刑。在监狱服刑过程中，小王被检查出患有重度心脏病，需要保外就医。而根据法律规定，在监外执行刑罚需要接受社区矫正。即将接受社区矫正的小王通过上网得知，在接受社区矫正的过程中必须参加公益活动。没过几天，小王的一位朋友告诉他，社区矫正对象参加的公益活动，都是平常人不愿意干、不敢干的高危作业。小王听了十分害怕，因为自己患有心脏病，如果从事高危作业，恐怕身体会吃不消。那么，社区矫正中的公益活动是否可以安排高危作业？

📢 依法解答

社区矫正中的公益活动不可以安排高度危险作业。根据我国《社区矫正法实施办法》及其他法律法规的规定，执行地县级社区矫正机构、受委托的司法所按照符合社会公共利益的原则，可以根据社区矫正对象的劳动能力、健康状况等情况，组织社区矫正对象参加公益活动。即有劳动能力的社区矫正对象在接受社区矫正期间需要参加一些公益活动，但这些公益活动都是一般的有劳动能力者就能做到的，不需要太强的专业性和技术性，如修复乡村公路，为敬老院、儿童福利院等困难人群提供服务、清扫街道等。而且，我国《社区矫正法》第42条明确规定，社区矫正对象参加公益活动一般都是社区公益服务，旨在服务社区群众，修复社会关系。同时，一些省市的社区矫正工作办法还特别规定：社会公益活动不得安排高危作业；公益活动应当坚持符合公共利益、社区矫正对象力所能及、可操作、便于监督检查的原则。在社区矫正的实践中，也不存在让社区矫正对象参与高危性质社区服务项目的情形。因此，小王不必担心自己会从事高危作业的社区服务。

📢 相关规定

《中华人民共和国社区矫正法》

第四十二条　社区矫正机构可以根据社区矫正对象的个人特长，组织其参加公益活动，修复社会关系，培养社会责任感。

《中华人民共和国社区矫正法实施办法》

第二十四条　社区矫正对象应当按照有关规定和社区矫正机构的要求，定期报告遵纪守法、接受监督管理、参加教育学习、公益活动和社会活动等情况。……

第四十四条 执行地县级社区矫正机构、受委托的司法所按照符合社会公共利益的原则，可以根据社区矫正对象的劳动能力、健康状况等情况，组织社区矫正对象参加公益活动。

34. 接受职业技能培训是否需要交费？

典型案例

王某曾因过失犯罪被判处刑罚，因在狱中表现良好，不久前，他被批准假释。出狱后，王某及时到社区矫正机构接受改造。后来，社区矫正机构的工作人员告知王某需要对其收取职业技能培训费。王某不解，他认为向社区矫正对象提供职业技能培训是矫正机构必须履行的义务，因此矫正机构无权以职业技能培训为由额外收取任何费用。社区矫正工作人员因王某拒绝交费，暂停对其进行职业技能培训的相关工作。请问：社区矫正机构的做法符合法律规定吗？社区矫正对象接受职业技能培训是否需要交费？

依法解答

社区矫正对象接受职业技能培训无须交费，社区矫正机构的做法违反了法律的相关规定。对社区矫正对象进行职业技能培训，是社区矫正工作的重要内容。对此，我国《社区矫正法》第40条、第41条以及《社区矫正法实施办法》第45条都有明确的规定。加强对社区矫正对象的技能培训，有助于提高其融入社会的能力，降低其在解矫后由于工作生活的压力而再次犯罪的可能性，增强社区矫正效果。

对社区矫正对象进行职业技能培训，应遵循人性化、便利化的原则，鼓励社区矫正对象积极参加。值得特别说明的是，社区矫正机关不得借职业技能培训巧立名目，收取费用。因此，社区矫正对象接受职业技能培训不需要交纳培训费用。本案中，社区矫正机构向王某收取培训费，无任何法律依据，王某有权拒绝。

📣 相关规定

《中华人民共和国社区矫正法》

第四十条　社区矫正机构可以通过公开择优购买社区矫正社会工作服务或者其他社会服务，为社区矫正对象在教育、心理辅导、职业技能培训、社会关系改善等方面提供必要的帮扶。

社区矫正机构也可以通过项目委托社会组织等方式开展上述帮扶活动。国家鼓励有经验和资源的社会组织跨地区开展帮扶交流和示范活动。

第四十一条　国家鼓励企业事业单位、社会组织为社区矫正对象提供就业岗位和职业技能培训。招用符合条件的社区矫正对象的企业，按照规定享受国家优惠政策。

《中华人民共和国社区矫正法实施办法》

第四十五条　执行地县级社区矫正机构、受委托的司法所依法协调有关部门和单位，根据职责分工，对遇到暂时生活困难的社区矫正对象提供临时救助；对就业困难的社区矫正对象提供职业技能培训和就业指导；帮助符合条件的社区矫正对象落实社会保障措施；协助在就学、法律援助等方面遇到困难的社区矫正对象解决问题。

35. 社区矫正对象获得职业技能培训帮扶的途径主要有哪些？

📣 典型案例

郑某不务正业，整日游手好闲。一次，他与朋友产生争执，一气之下将对方打成重伤，最终因故意伤害罪被判处 7 年有期徒刑。服刑期间，郑某深刻地认识到了自己所犯的错误，下定决心悔过自新。后来，他的假释申请被批准。出狱后，郑某来到社区矫正机构接受社区矫正。因没有劳动技能，郑某特别担心找不到工作，无法养活自己。所幸社区矫正机构将对他开展职业技能培训。请问：社区矫正对象获得职业技能培训帮扶的途径主要有哪些？

依法解答

根据我国《社区矫正法》的规定，社区矫正对象获得职业技能培训帮扶主要有如下途径：

（1）通过社区矫正机构公开择优购买的社区矫正社会工作服务或者其他社会服务，获得职业技能培训帮扶；

（2）通过社区矫正机构委托的社会组织获得职业技能培训帮扶；

（3）通过社会组织跨地区开展帮扶交流和示范活动获得职业技能培训帮扶；

（4）通过企业事业单位、社会组织为社区矫正对象提供就业岗位和职业技能培训获得帮扶。

在上面的案例中，郑某将会根据当地社区矫正机关的实际情况，接受职业技能培训，从而顺利地找到工作，融入社会，避免再次走上犯罪之路。

相关规定

《中华人民共和国社区矫正法》

第四十条 社区矫正机构可以通过公开择优购买社区矫正社会工作服务或者其他社会服务，为社区矫正对象在教育、心理辅导、职业技能培训、社会关系改善等方面提供必要的帮扶。

社区矫正机构也可以通过项目委托社会组织等方式开展上述帮扶活动。国家鼓励有经验和资源的社会组织跨地区开展帮扶交流和示范活动。

第四十一条 国家鼓励企业事业单位、社会组织为社区矫正对象提供就业岗位和职业技能培训。招用符合条件的社区矫正对象的企业，按照规定享受国家优惠政策。

《中华人民共和国社区矫正法实施办法》

第四十五条 执行地县级社区矫正机构、受委托的司法所依法协调有关部门和单位，根据职责分工，对遇到暂时生活困难的社区矫正对象提供临时救助；对就业困难的社区矫正对象提供职业技能培训和就业指导；帮助符合条件的社区矫正对象落实社会保障措施；协助在就学、法律援助等方面遇到困难的社区矫正对象解决问题。

36. 社区矫正对象欠缺谋生技能或遇到生活困难时会得到帮助吗？

📢 典型案例

姚某因盗窃罪被判缓刑，并在某社区接受社区矫正。姚某的妻子前几年得了重病，为了给妻子治病，已经花光了家里所有的积蓄，还将家里值钱的东西都卖了。姚某还有一个女儿正在读大学。面对生病的妻子和需要上学的女儿，姚某心力交瘁，无奈之下只得向社区矫正机构提出申请，希望社区矫正机构能够向自己提供帮助，解决自己的生活难题。请问，姚某能够得到帮助吗？

📢 依法解答

我国《社区矫正法》第 37 条规定，社区矫正机构可以协调有关部门和单位，依法对就业困难的社区矫正对象开展职业技能培训、就业指导。我国《社区矫正法实施办法》第45条规定，社区矫正机构应当根据社区矫正对象的需要，协调有关部门和单位，帮助落实社会保障措施，为社区矫正对象提供帮助。该规定为那些欠缺谋生技能或有具体困难的社区矫正对象寻求帮扶提供了依据。社区矫正机构在解决社区矫正对象的谋生技能方面，会与劳动保障部门或者社会力量联合，依据他们的兴趣爱好、文化层次等，安排培训内容和培训项目；会对社区矫正对象进行职业技能培训，充分整合利用社会力量，共同帮助他们提高职业技能。具体困难如社区矫正对象入矫后的户口落户问题，与他人发生纠纷问题，子女上学问题，家人生病或出现意外情况，生活一时困难等，社区矫正机构会通过各种信息渠道，及时发现和了解这些情况，并会积极与有关部门或单位联系，协商解决。

案例中的姚某生活困难，加上妻子生病，女儿上学等问题，所在社区在了解具体事实后，应当对其提供帮助，可以为其办理特困补助，帮助他添置一些生活必需品等。此外，社区工作人员还可以帮助姚某找到一份适合的工作，帮他解决温饱问题。社区矫正机构对姚某提供帮助，有利于将其感化，让其自觉遵守矫正制度，配合社区矫正工作的进行，以顺利解矫。

相关规定

《中华人民共和国社区矫正法》

第三十七条 社区矫正机构可以协调有关部门和单位，依法对就业困难的社区矫正对象开展职业技能培训、就业指导，帮助社区矫正对象中的在校学生完成学业。

《中华人民共和国社区矫正法实施办法》

第四十五条 执行地县级社区矫正机构、受委托的司法所依法协调有关部门和单位,根据职责分工,对遇到暂时生活困难的社区矫正对象提供临时救助;对就业困难的社区矫正对象提供职业技能培训和就业指导;帮助符合条件的社区矫正对象落实社会保障措施;协助在就学、法律援助等方面遇到困难的社区矫正对象解决问题。

37. 社区矫正安置就等于分配工作吗?

典型案例

万某与李某都是社区矫正对象,而且两人在接受矫正之前都没有正式的工作,缺乏一定的劳动技能。他们在矫正期间思想十分消极,打算未来的日子就得过且过。社区工作人员得知情况后,多次与他们交谈,鼓励他们重新找回积极生活的信心。通过大量的思想沟通,万某和李某端正了心态,积极从事社区矫正机构为他们找到的农业生产的工作。李某在劳动的同时还主动学习农药、农产品相关知识,不久以后便自己组织了一个劳动技能培训班。而万某却认为这是社区矫正机构为他分配的工作。请问,社区矫正安置等于分配工作吗?

依法解答

社区矫正机构需要帮助社区矫正对象安置工作,但不等于分配工作。尽管对社区矫正对象进行帮扶是社区矫正工作中必不可少的工作内容,但是社区矫正对象一定要摆正思想,不能一味靠矫正工作人员帮助,而应尽量自谋出路,培养社会生存技能,不能以"等、要、靠"的思想向社区矫正工作部门寻求帮助。案例中的李某和万某就形成了鲜明的对比,李某在社区矫正机构安置的工作中,通过自己认真学习相关知识,组织了劳动技能培训班,自谋职业并积极生活。而万某把社区矫正机构为他安置的工作当成分配的工作，始终依赖着社区机构，长此以往，就会养成惰性，限制他自身主观能动性的发挥，对万某来说是非常不利的。

实践中，社区矫正机构一般会和社会劳动保障部门合作，为社区矫正对象提供就业机会，同时为其提供基本的就业技能培训和实习基地，为他们解矫后的生活做准备。社区矫正对象也应积极自谋职业，有能力的可以自己创业，发挥自己的主观能动性，使自己顺利融入社会。

相关规定

《中华人民共和国社区矫正法实施办法》

第五十三条 ……

社区矫正对象一般应当在社区矫正期满三十日前，作出个人总结，执行地县级社区矫正机构应当根据其在接受社区矫正期间的表现等情况作出书面鉴定，与安置帮教工作部门做好衔接工作。

……

38. 在就业安置中，社区矫正对象可获得哪些帮助？

典型案例

邹某因抢劫罪被判刑，因表现良好获得假释，并在社区接受矫正。在邹某矫正期满后，他打算找一份工作重新开始生活。但是，不少单位在发现邹某有前科后，都委婉表示邹某不适合本公司的岗位。邹某对此感到很挫败，想拜托亲戚朋友帮忙，可亲戚朋友也因为他以前的过错对他"敬而远之"。邹某想经营些小生意，可是又没有本钱。社区矫正机构了解到邹某的困难后，为他安排了就业培训，并为其推荐了合适的工作。邹某感到十分高兴。

依法解答

在对社区矫正对象的就业安置中，社区矫正机构会根据他们的不同情况，通过多渠道进行帮扶。

首先是推荐就业。我国《社区矫正法实施办法》第53条第2款规定，执行地县级社区矫正机构应当根据其在接受社区矫正期间的表现等情况作出书面鉴定，与安置帮教工作部门做好衔接工作。因为社会可能会对社区矫正对象存在一定偏见，对他们来说找工作是有一定困难的。社区矫正机构为帮助这些人员，会利用街道职业介绍所等平台积极沟通和协调，尽可能地推荐就业。

其次是鼓励自谋职业。对找不到合适工作或有意自谋职业的人员，会尽量创造条件，鼓励他们从事个体经营。例如，在街道农贸市场为想做生意的社区矫正对象留出摊位，并且优惠收取摊位费，在进货上货时也会提供一定方便等。

最后是社会力量的帮扶。对于社区矫正对象就业难问题，社会力量所提供的帮助同样是不可忽视的。一方面，要加大对社区矫正对象就业帮扶的宣传，提高企业接受社区矫正对象的意愿；另一方面，要鼓励和扶持相关社会组织的成立，为社区矫正对象的就业渠道提供更多的可能性。

在本案中，邹某矫正期满后，找工作屡屡碰壁，最终在社区矫正机构的帮助下，终于找到了合适的工作。这也体现出我国的法律法规以及相关政策对于社区矫正人员的关怀，凸显了以人为本的理念。

相关规定

《中华人民共和国社区矫正法实施办法》

第五十三条 ……

社区矫正对象一般应当在社区矫正期满三十日前，作出个人总结，执行地县级社区矫正机构应当根据其在接受社区矫正期间的表现等情况作出书面鉴定，与安置帮教工作部门做好衔接工作。

……

39. 情况特殊的社区矫正对象，会得到特别帮扶吗？

典型案例

宁某在接受社区矫正期间，他的母亲身患重病无钱医治。社区矫正机构得知他的情况后，多方筹集资金，帮助他为母亲治病。幸运的是，他的母亲最后脱离了生命危险。在这件事情中，宁某感受到了社会对他的关爱，所以他想自己创业，将赚到的钱奉献社会，回报社会对他家人的帮助。宁某在社区矫正机构的帮助下，通过艰苦努力，创办了养猪场，并在多地开设分厂，现在资产已过百万元，还吸纳十几名下岗工人和社区矫正对象就业。请问，像宁某一样的有特殊情况的社区矫正对象，都会得到特别帮扶吗？

依法解答

在对社区矫正对象的帮扶中，除了会关注服刑人员存在的共同问题，如社区的接纳、社会的承认等，还会关注社区矫正对象存在的特殊问题，根据我国《社区矫正法》第38条的规定，居民委员会、村民委员会可以引导志愿者和社区群众，利用社区资源，采取多种形式，对有特殊困难的社区矫正对象进行必要的教育帮扶。第43条规定，社区矫正对象可以按照国家有关规定申请社会救助、参加社会保险、获得法律援助，社区矫正机构应当给予必要的协助。此外，《社区矫正法实施办法》第45条也有类似规定。

社区矫正机构对社区矫正对象的特殊关注，有助于他们解决自身存在的特殊问题，增强自信，找到生存的价值。案例中宁某的母亲身患重病，社区矫正机构针对具体情况，帮他筹资为其母治病。宁某母亲的病治好后，宁某想要回报社会，社区矫正机构还帮助他创业，实现他的人生价值。其他有特殊情况的社会矫正对象也会像宁某一样得到有针对性的帮扶。

相关规定

《中华人民共和国社区矫正法》

第三十八条 居民委员会、村民委员会可以引导志愿者和社区群众，利用社区资源，采取多种形式，对有特殊困难的社区矫正对象进行必要的教育帮扶。

第四十三条 社区矫正对象可以按照国家有关规定申请社会救助、参加社会保险、获得法律援助，社区矫正机构应当给予必要的协助。

《中华人民共和国社区矫正法实施办法》

第四十五条 执行地县级社区矫正机构、受委托的司法所依法协调有关部门和单位，根据职责分工，对遇到暂时生活困难的社区矫正对象提供临时救助；对就业困难的社区矫正对象提供职业技能培训和就业指导；帮助符合条件的社区矫正对象落实社会保障措施；协助在就学、法律援助等方面遇到困难的社区矫正对象解决问题。

40. 社区矫正对象就业能得到哪些帮助和指导？

📢 典型案例

康某是一名社区矫正对象，在矫正之前是某印刷厂的职工。康某不想被同事们指指点点，所以想换个新的工作环境。但是康某没有就业渠道，为此非常苦恼。周某也曾是康某所在社区的矫正对象，在了解了康某的苦恼后，告诉康某，自己在社会矫正机构的帮助下，找到了合适的工作，康某也可以去寻求帮助。康某便向社区矫正机构表达了自己在就业方面的想法。不久，康某就在社区矫正机构的帮助下找到了一份喜欢的工作。请问，社区矫正对象在就业时能够得到哪些帮助和指导呢？

📢 依法解答

对社区矫正对象的就业帮助是指对社区矫正对象进行择业观教育、职业技能和创业培训，以及向他们提供就业指导、就业咨询等。我国《社区矫正法实施办法》第45条规定，执行地县级社区矫正机构、受委托的司法所依法协调有关部门和单位，根据职责分工，对就业困难的社区矫正对象提供职业技能培训和就业指导。社区矫正机构会了解并掌握社区矫正对象就业情况并及时做好就业需求等信息的登记，建立健全就业需求信息库；同时加强与人社局、劳务市场的联系，收集和利用招工信息，及时将有关信息发送给社区矫正对象；组织社区矫正对象参加各类用人招聘会，将技能突出的人员推荐给用人单位；积极鼓励社区矫正对象转变择业观念，从事个体经营。案例中的周某和康某就是在社区矫正机构的帮助下找到了合适的工作。

此外，地方的社区矫正机构还会积极整合社会资源，联合工会、劳动、农林等部门，开设电脑、烹饪、花木种植技术等培训项目，对社区矫正对象进行培训，参训合格人员则可以拿到技能培训合格证书为就业或自主创业提供条件。这也是帮助社区矫正对象就业的有效手段。

相关规定

《中华人民共和国社区矫正法实施办法》

第四十五条 执行地县级社区矫正机构、受委托的司法所依法协调有关部门和单位，根据职责分工，对遇到暂时生活困难的社区矫正对象提供临时救助；对就业困难的社区矫正对象提供职业技能培训和就业指导；帮助符合条件的社区矫正对象落实社会保障措施；协助在就学、法律援助等方面遇到困难的社区矫正对象解决问题。

第四章

未成年社区矫正对象的特别规定

41. 对未成年社区矫正对象，法律会特别保护其身份信息吗？

📢 典型案例

梁某今年17周岁。在他8周岁的时候，父母为了生计外出打工，梁某就成了留守儿童，一直和爷爷奶奶生活在一起。爷爷奶奶年纪大，只能对梁某进行生活上的照顾，在成长和学习上没有办法好好教育，慢慢地梁某就和社会上的一些"小混混"交往密切。梁某的父母意识到事情的严重性后，就经常打电话对他进行苦口婆心的教育。但是，梁某更加反感，越来越不愿意和父母交流。一年夏天，梁某为了所谓的哥们义气把赵某给打伤了，被法院判处有期徒刑1年，缓期2年执行，后来按照要求在居住地接受社区矫正。梁某的父母想知道，我国法律对于未成年社区矫正对象的身份信息是否会给予特别保护？

📢 依法解答

我国法律对未成年人犯罪始终坚持以教育为主、惩罚为辅的原则，贯彻执行教育、感化、挽救的方针，这一规定在未成年人犯罪接受刑罚中也有所体现。《社区矫正法》第 54 条规定，未成年社区矫正对象的身份信息会被保密，除司法机关办案需要或者有关单位根据国家规定查询外，其档案信息不得提供给任何单位或者个人。即便依法可以查询，也应当对获得的信息予以保密。由此可知，我国在未成年社区矫正对象的身份管理上是有特别保护的。案例中的梁某作为未成年社区矫正对象，社区矫正机构在对其实行社区矫正时，其档案是不会公开的。此外，《社区矫正法实施办法》第 55 条第 2 款中也有规定，即对未成年社区矫正对象给予身份保护，其矫正宣告不公开进行，其矫正档案应当保密。同时，我国《刑事诉讼法》第 286 条也规定，犯罪的时候不满 18 周岁，被判处 5 年有期徒刑以下刑罚的，应当对相关犯罪记录予以封存。犯罪记录被封存的，不得向任何单位和个人提供，但司法机关为办案需要或者有关单位根据国家规定进行查询的除外。依法进行查询的单位，应当对被封存的犯罪记录的情况予以保密。由此可见，我国非常注重对未成年人犯罪内容和个人信息的保护，未成年人犯罪后也要积极接受改造。

相关规定

《中华人民共和国社区矫正法》

第五十四条　社区矫正机构工作人员和其他依法参与社区矫正工作的人员对履行职责过程中获得的未成年人身份信息应当予以保密。

除司法机关办案需要或者有关单位根据国家规定查询外，未成年社区矫正对象的档案信息不得提供给任何单位或者个人。依法进行查询的单位，应当对获得的信息予以保密。

《中华人民共和国社区矫正法实施办法》

第五十五条 ……

社区矫正机构、司法所对未成年社区矫正对象的相关信息应当保密。对未成年社区矫正对象的考核奖惩和宣告不公开进行。对未成年社区矫正对象进行宣告或者处罚时,应通知其监护人到场。

……

《中华人民共和国刑事诉讼法》

第二百八十六条 犯罪的时候不满十八周岁,被判处五年有期徒刑以下刑罚的,应当对相关犯罪记录予以封存。

犯罪记录被封存的,不得向任何单位和个人提供,但司法机关为办案需要或者有关单位根据国家规定进行查询的除外。依法进行查询的单位,应当对被封存的犯罪记录的情况予以保密。

42. 未成年人在接受社区矫正期间,可否入学就读?

📢 典型案例

苗某是一名初二的学生。一次偶然的机会,他迷恋上了网络游戏,有时候一个星期都不出网吧。无论父母和老师怎么规劝,苗某始终不能醒悟,他的父母只能采取不给他零用钱的方式。结果,苗某网瘾犯了却没有钱去网吧,便拿着废弃的拖把杆和空酒瓶威胁同学吴某并索要钱财,吴某不给,他便打倒吴某把钱抢了过去,不慎造成吴某重伤。最终苗某被法院以抢劫罪判处有期徒刑1年零3个月,缓刑2年执行。事后,苗某十分后悔,想回到学校好好学习。请问,未成年人在接受社区矫正期间,可否入学就读?

📢 依法解答

根据我国《社区矫正法》第55条第1款的规定,对未完成义务教育的未成年社区矫正对象，社区矫正机构应当通知并配合教育部门为其完成义务教育提供条件。未成年社区矫正对象的监护人应当依法保证其按时入学接受并完成义务教育。未成年社区矫正对象在接受社区矫正期间，受教育的权利并未丧失，学校不得因此拒绝其入学就读。也就是说，在未成年社区矫正对象接受社区矫正期间，是可以入学就读的。并且，根据我国《社区矫正法实施办法》第 45 条的规定，执行地县级社区矫正机构、受委托的司法所有依法协调有关部门和单位，根据职责分工，协助在就学方面遇到困难的社区矫正对象解决问题的义务。由此可知，苗某作为未成年社区矫正对象，如果其有就学需求的，社区矫正机构应该积极为其协调，做好帮扶工作，以避免其重新犯罪。

相关规定

《中华人民共和国社区矫正法》

第五十五条　对未完成义务教育的未成年社区矫正对象，社区矫正机构应当通知并配合教育部门为其完成义务教育提供条件。未成年社区矫正对象的监护人应当依法保证其按时入学接受并完成义务教育。

年满十六周岁的社区矫正对象有就业意愿的，社区矫正机构可以协调有关部门和单位为其提供职业技能培训，给予就业指导和帮助。

《中华人民共和国社区矫正法实施办法》

第四十五条　执行地县级社区矫正机构、受委托的司法所依法协调有关部门和单位，根据职责分工，对遇到暂时生活困难的社区矫正对象提供临时救助；对就业困难的社区矫正对象提供职业技能培训和就业指导；帮助符合条件的社区矫正对象落实社会保障措施；协助在就学、法律援助等方面遇到困难的社区矫正对象解决问题。

43. 未成年人在解除社区矫正后，其升学、就业是否会受到影响？

🕮 典型案例

夏某是一名 15 岁的学生，成绩一直不错，但是最近几次月考，他的成绩不是很理想。夏某虽然非常努力，但成绩没有起色，又找不到解决的办法，心中十分烦躁，经常向同学发脾气。这天轮到夏某值日，同学黄某却迟迟不肯离开教室，导致夏某无法洒水，两人因此发生冲突。最后，夏某把黄某打成轻伤，法院以故意伤害罪对夏某判处缓刑。夏某接受社区矫正后，对自己的未来十分迷茫，他还想继续求学，就是不知道自己在解除社区矫正后，是否还能正常参加高考或者出去找工作。请问：未成年人在解除社区矫正后，其升学、就业是否会受到影响？

🕮 依法解答

我国《社区矫正法》第 57 条规定："未成年社区矫正对象在复学、升学、就业等方面依法享有与其他未成年人同等的权利，任何单位和个人不得歧视……"我国《预防未成年人犯罪法》第 58 条也规定："刑满释放和接受社区矫正的未成年人，在复学、升学、就业等方面依法享有与其他未成年人同等的权利，任何单位和个人不得歧视。"由此可见，法律明确规定上述未成年人在升学、就业方面不受歧视。同时，根据我国《刑法》第 100 条第 2 款的规定，未成年人犯罪被判处 5 年有期徒刑以下刑罚的，在升学、就业时无须报告，实行前科保密。因此，夏某作为未成年人，在其解除矫正后，其升学是不受影响的。而且，在就业时一般也无须报告，因此，夏某今后的就业也不会受到影响。

相关规定

《中华人民共和国社区矫正法》

第五十七条 未成年社区矫正对象在复学、升学、就业等方面依法享有与其他未成年人同等的权利,任何单位和个人不得歧视。有歧视行为的,应当由教育、人力资源和社会保障等部门依法作出处理。

《中华人民共和国预防未成年人犯罪法》

第五十八条 刑满释放和接受社区矫正的未成年人,在复学、升学、就业等方面依法享有与其他未成年人同等的权利,任何单位和个人不得歧视。

《中华人民共和国刑法》

第一百条 依法受过刑事处罚的人,在入伍、就业的时候,应当如实向有关单位报告自己曾受过刑事处罚,不得隐瞒。

犯罪的时候不满十八周岁被判处五年有期徒刑以下刑罚的人,免除前款规定的报告义务。

44. 对未成年犯和成年犯的社区矫正需要分开进行吗?

典型案例

卫某和魏某是某校初三年级的学生,两个人不仅是同桌还是无话不谈的好朋友。两人关系虽要好,性格却迥然不同,卫某性格内向,而魏某则十分活泼。最近卫某总是被社会上的无业青年欺负,还不敢和家人、老师说。魏某为了让卫某摆脱那些社会青年的纠缠,决定和他们进行沟通,但是双方一见面就发生了冲突,慌乱中魏某把一名姓孙的青年打伤了。后来魏某被宣告缓刑,他想知道自己会和成年犯分开进行社区矫正吗?

📣 依法解答

我国《社区矫正法》第 52 条第 3 款明确规定:"对未成年人的社区矫正,应当与成年人分别进行。"也就是说,对魏某这样的未成年人进行社区矫正时,是需要与成年社区矫正对象分开进行的。

社区矫正机构在对未成年犯进行社区矫正时的根本宗旨是教育与惩罚相结合,以教育为主,矫正未成年社区矫正对象的不良行为和心理,解决其在生活和就业等方面遇到的困难和问题,帮助他们顺利适应社会生活。以往未成年人社区矫正工作存在的主要不足是让其与成年犯在一起接受社区矫正,这样难以实现对未成年社区矫正对象这一特殊群体的监管和矫治,既不利于未成年犯的矫正,又影响了社区矫正工作的效率。

法律规定将未成年人的社区矫正与成年人分别进行,既可以减少矫正给他们今后的学习、生活、工作带来的负面影响,也便于工作人员对未成年犯的集中管理和教育。

📣 相关规定

《中华人民共和国社区矫正法》

第五十二条

……

对未成年人的社区矫正,应当与成年人分别进行。

第五章

社区矫正的终止与解除

45. 解除社区矫正时,会向社区居民公开宣告吗?

典型案例

霍某因聚众斗殴罪,被法院判处有期徒刑 1 年零 6 个月,缓期 2 年执行。在接受社区矫正期间,霍某认真遵守社区矫正的各项规定,按时提交思想汇报,积极参加各项公益活动,表现良好。如今矫正期满,司法所准备为其办理解除社区矫正的有关手续。霍某迫切地想摆脱社区矫正对象的身份,因此十分担心邻居们不知道自己已经被解除矫正了。那么,请问社区矫正结束时,会向社区居民公开宣告吗?

依法解答

对于社区矫正对象来说,期满解矫手续的办理是社区矫正工作的最后环节,也是社区矫正对象改造成功的标志。根据我国《社区矫正法》第 44 条和《社区矫正法实施办法》第 54 条的规定可知,解除社区矫正是要进行公开宣告的,这是法律规定的必经程序,体现了社区矫正工作的严肃性。所以，司法所会根据具体情况邀请相关人员参加霍某解除社区矫正的公开宣告仪式，并向其发放解除社区矫正证明书，其不用担心周围邻居不知道自己被解除社区矫正之事。

相关规定

《中华人民共和国社区矫正法》

第四十四条 社区矫正对象矫正期满或者被赦免的，社区矫正机构应当向社区矫正对象发放解除社区矫正证明书，并通知社区矫正决定机关、所在地的人民检察院、公安机关。

《中华人民共和国社区矫正法实施办法》

第五十四条 社区矫正对象矫正期满，执行地县级社区矫正机构或者受委托的司法所可以组织解除矫正宣告。

解矫宣告包括以下内容：

（一）宣读对社区矫正对象的鉴定意见；

（二）宣布社区矫正期限届满，依法解除社区矫正；

（三）对判处管制的，宣布执行期满，解除管制；对宣告缓刑的，宣布缓刑考验期满，原判刑罚不再执行；对裁定假释的，宣布考验期满，原判刑罚执行完毕。

宣告由社区矫正机构或者司法所工作人员主持，矫正小组成员及其他相关人员到场，按照规定程序进行。

46. 解除社区矫正证明书对社区矫正对象有何重要意义？

典型案例

赵某因妨害公务罪，被法院判处有期徒刑 2 年，缓期 3 年执行；段某因寻衅滋事罪，被法院判处有期徒刑 1 年，缓期 2 年执行。二人同时在某社区接受社区矫正。二人矫正期满后，县司法局同时为二人办理了解除矫正手续，并发放了解除社区矫正证明书。段某见赵某拿到解除社区矫正证明书后十分激动，心想不就是一张证明书嘛，何必那么激动。赵某告知段某，解除社区矫正证明书对他们这些社区矫正对象来说意义重大。那么，请问社区矫正证明书对社区矫正对象来说究竟有何重要意义？

依法解答

根据《社区矫正法》第 44 条规定，社区矫正对象矫正期满或者被赦免的，社区矫正机构应当向其发放解除社区矫正证明书，并通知社区矫正决定机关、所在地的人民检察院、公安机关。同时，《社区矫正法实施办法》第 53 条也作出了类似规定。因此，解除社区矫正证明书是由社区矫正机构向矫正期满的社区矫正对象出具的一种法律文书，用来证明社区矫正措施已经实施完毕。对于被判处管制的社区矫正对象，意味着执行期满，解除管制；对于被宣告缓刑的，则意味着缓刑考验期满，原判刑罚将不再执行。而那些暂予监外执行的社区矫正对象刑期届满的，由监狱、看守所依法为其办理刑满释放手续。

对于段某和赵某而言，拿到解除社区矫正证明书，就意味着他们已经完成社区矫正任务，重新成为一个完全自由的合法公民，二人不再是社区矫正对象。

相关规定

《中华人民共和国社区矫正法》

第四十四条 社区矫正对象矫正期满或者被赦免的，社区矫正机构应当向社区矫正对象发放解除社区矫正证明书，并通知社区矫正决定机关、所在地的人民检察院、公安机关。

《中华人民共和国社区矫正法实施办法》

第五十三条 社区矫正对象矫正期限届满，且在社区矫正期间没有应当撤销缓刑、撤销假释或者暂予监外执行收监执行情形的，社区矫正机构依法办理解除矫正手续。

社区矫正对象一般应当在社区矫正期满三十日前，作出个人总结，执行地县级社区矫正机构应当根据其在接受社区矫正期间的表现等情况作出书面鉴定，与安置帮教工作部门做好衔接工作。

执行地县级社区矫正机构应当向社区矫正对象发放解除社区矫正证明书，并书面通知社区矫正决定机关，同时抄送执行地县级人民检察院和公安机关。

公安机关、监狱管理机关决定暂予监外执行的社区矫正对象刑期届满的，由看守所、监狱依法为其办理刑满释放手续。

社区矫正对象被赦免的，社区矫正机构应当向社区矫正对象发放解除社区矫正证明书，依法办理解除矫正手续。

47. 社区矫正对象在矫正期间死亡的，社区矫正自然结束吗？

典型案例

许某因交通肇事罪，被法院判处有期徒刑2年，缓期3年执行，遂在某社区接受社区矫正。一天，许某以需要到外县办事为由向当地司法所请了5天假，但并未在规定的时间内回来销假。司法所工作人员联系不上许某，便到其家中了解情况，得知许某在回家的途中突发心脏病，因抢救无效死亡。其家属认为许某既然已经死亡，社区矫正自然就结束了，也不必再向司法所报告。那么，请问社区矫正对象在社区矫正期间死亡的，社区矫正自然结束吗？

📢 依法解答

根据我国《社区矫正法》的相关规定，社区矫正以解除社区矫正和终止社区矫正这两种形式结束。对于社区矫正对象矫正期满的，社区矫正机构应当公开宣告解除社区矫正；而对于社区矫正对象在矫正期间死亡、被决定收监执行，或者被判处监禁刑罚的，则应当终止社区矫正。因此，像许某这种在社区矫正期间突然死亡的社区矫正对象，自死亡之日起终止社区矫正。

📢 相关规定

《中华人民共和国社区矫正法》

第四十五条 社区矫正对象被裁定撤销缓刑、假释，被决定收监执行，或者社区矫正对象死亡的，社区矫正终止。

48. 如何确定不同类别的社区矫正对象的矫正期限？

📢 典型案例

小王因盗窃罪被法院判决有期徒刑1年零6个月，缓期2年执行。在一审判决生效之后，小王便到当地的社区接受社区矫正。在小王到社区矫正机构报到时，工作人员告诉他在社区矫正期间要遵守的相关规定，并按时向社区矫正机构汇报情况。小王一直不是很清楚自己的社区矫正时间到底是多长，不知道是不是所有的社区矫正对象接受社区矫正的时间都是一样的。那么请问，不同类别的社区矫正对象接受矫正的期限是否相同？如果不同，分别都是如何规定的？

依法解答

社区矫正期限届满，是社区矫正解除的条件之一。根据我国《刑法》第73条和第76条的规定，缓刑的考验期即为服刑人员接受社区矫正的时间。因此，在本案中，小王接受社区矫正的时间就是其缓刑的时间，即2年。各类社区矫正对象因矫正原因不同，其矫正期限也有所区别。被判处管制、单处或者并处剥夺政治权利的，其矫正期限为被判处管制、剥夺政治权利的实际期限；被宣告缓刑、裁定假释的，其矫正期限为缓刑考验期或者假释考验期；暂予监外执行的，其矫正期限为在监外实际执行的期限。在我国社区矫正的司法实践中，被判处管制、宣告缓刑、裁定假释、单处或并处剥夺政治权利的社区矫正对象，一般应当在矫正期满前30日由本人作出书面总结，在矫正期满前15日，社区矫正机构根据社区矫正对象的实际表现，写出书面鉴定材料，报街道（乡、镇）社区矫正领导小组，经审议批准后，在社区矫正对象矫正期满当日，公开宣布对其解除矫正。对于暂予监外执行期满，作出收监决定的，根据社区矫正解除制度，应该在社区矫正对象所在社区内以一定形式宣布对其解除矫正。

相关规定

《中华人民共和国刑法》

第七十三条 拘役的缓刑考验期限为原判刑期以上一年以下，但是不能少于二个月。

有期徒刑的缓刑考验期限为原判刑期以上五年以下，但是不能少于一年。

缓刑考验期限，从判决确定之日起计算。

第七十六条 对宣告缓刑的犯罪分子，在缓刑考验期限内，依法实行社区矫正,如果没有本法第七十七条规定的情形,缓刑考验期满,原判的刑罚就不再执行,并公开予以宣告。

49. 解除社区矫正后,还要进行安置帮教吗?

典型案例

李某因故意伤害罪被判处有期徒刑 5 年,在监狱执行了 4 年刑罚之后,由于其表现比较好,又有立功行为,被裁定假释。假释之后,李某到某社区矫正机构接受矫正。在社区矫正期间,李某认真遵守相关规定,顺利度过了社区矫正期。在期限届满后,李某被解除社区矫正,真正恢复了自由。但是,当地的司法所称还要继续对李某进行安置帮教。对此,李某觉得很奇怪,认为自己已经被解除了社区矫正,就无须再进行安置帮教了。那么请问,社区矫正对象在解矫后,还需要进行安置帮教吗?

依法解答

安置帮教是对解矫后的社区矫正对象进行跟踪帮助的重要措施,做好对解矫人员的安置帮教工作,不仅有利于前期社区矫正与后期安置帮教的无缝对接,保证工作流程的科学、完整,而且也是对解矫人员的警醒,告诫其努力工作、安守本分,最终顺利融入社会。

为此,社区矫正对象应向司法所了解在解矫后如何转入安置帮教,并填写《刑释解矫人员登记表》《安置帮教等级测定量表》等,签订《安置帮教协议书》,制作安置帮教个人档案,根据其具体情形,设定为期 5 年或 3 年的安置帮教期限。我国《社区矫正法实施办法》第 53 条第 2 款也有规定,要求社区矫正对象在解矫后与安置帮教工作部门做好衔接工作。由此可见，在本案中，虽然李某已经解矫，但是为了其能够更好地融入社会，相关部门还是需要对其进行安置帮教的。

📢 相关规定

《中华人民共和国社区矫正法实施办法》
第五十三条 ……
社区矫正对象一般应当在社区矫正期满三十日前，作出个人总结，执行地县级社区矫正机构应当根据其在接受社区矫正期间的表现等情况作出书面鉴定，与安置帮教工作部门做好衔接工作。
……

50. 解除社区矫正后，社区矫正对象的档案如何保管？

📢 典型案例

董某因交通肇事罪被判处有期徒刑 2 年，缓期 2 年执行。后来，董某按照规定到当地的社区矫正机构接受社区矫正。在 2 年的社区矫正期间内，董某认真服从社区矫正机构的管理，按时汇报自己的情况。在期限届满后，董某被依法解除了社区矫正。但是，由于曾经被判过刑，董某害怕以后自己在找工作时会有阻碍。因此，他想知道在被解除社区矫正之后社区矫正机构是否还会继续保存自己的档案。如果工作单位要查询自己的档案，是否可以查到自己在社区矫正期间的相关情况。那么请问，解除社区矫正后，社区矫正对象的档案会如何保管？

📢 依法解答

社区矫正对象解除社区矫正后，社区矫正机构应及时对其个人档案进行归类整理，并交所属的县级司法局集中统一保管，保管期限一般为 15 年。根据各地的相关规定，社区矫正对象解除矫正后个人档案归档材料的内容包括：（1）人民法院、公安机关、监狱移交的法律文书材料；（2）接受社区矫正保证书；（3）社区矫正宣告书；（4）社区矫正对象登记表；（5）社区矫正对象矫正方案；（6）社区矫正对象年、季、月评审鉴定表；（7）社区矫正对象奖惩审批表；（8）社区矫正对象迁居审批表；（9）社区矫正对象期满鉴定表；（10）社区矫正对象期满合议表；（11）社区矫正期满宣告书。对于以上矫正档案材料，社区矫正机构应妥善保管，以备有关机关核查，并且做好保密工作，保护社区矫正对象的个人信息不被泄露。

此外，根据《社区矫正法实施办法》第 18 条的规定，执行地县级社区矫正机构接收社区矫正对象后，应当建立社区矫正档案。这一规定明确要求社区矫正执行机构应当完善矫正工作中的档案管理等信息管理制度，为社区矫正工作的有序进行提供法律保障。

相关规定

《中华人民共和国社区矫正法实施办法》

第十八条 执行地县级社区矫正机构接收社区矫正对象后，应当建立社区矫正档案，包括以下内容：

（一）适用社区矫正的法律文书；

（二）接收、监管审批、奖惩、收监执行、解除矫正、终止矫正等有关社区矫正执行活动的法律文书；

（三）进行社区矫正的工作记录；

（四）社区矫正对象接受社区矫正的其他相关材料。

接受委托对社区矫正对象进行日常管理的司法所应当建立工作档案。

第六章

社区矫正对象的各种家庭与社会权利

一、婚姻家庭权利

51. 社区矫正对象在矫正期间可以结婚吗？

典型案例

叶某因交通肇事致人死亡，被人民法院认定犯交通肇事罪，判处有期徒刑2年，缓期3年执行。判决生效后，叶某依法在镇司法所接受社区矫正。在社区矫正期间，叶某结识了女友，二人感情很好。后来，叶某准备与女友结婚，但他不知道自己在社区矫正期间能否结婚，遂向镇司法所工作人员咨询。那么，请问像叶某这样的社区矫正对象在矫正期间可以结婚吗？

依法解答

我国《社区矫正法》第4条第2款规定，社区矫正对象依法享有的人身权利、财产权利和其他权利不受侵犯。因此，除被依法剥夺或限制的权利外，社区矫正对象的其他权利不受任何人侵犯。而目前，在我国相关法律及司法解释当中，并没有禁止社区矫正对象登记结婚的规定。因此，根据"法不禁止即自由"的基本原则（即只要法律没有对某项行为作出禁止性规定，公民就可以实施该行为），像叶某这样的社区矫正对象，只要符合结婚的实质性条件，就有权到相关民政部门登记结婚。

同时，根据我国《民法典》第 1049 条的规定，要求结婚的男女双方必须亲自到婚姻登记机关进行结婚登记，而不能由他人代理。由于社区矫正对象除必须遵守不得随意离开所居住的市、县以及其他相关规定外，其人身自由并不受限制，能够亲自到婚姻登记机关进行结婚登记。总之，像叶某这样的社区矫正对象，其婚姻自由的权利并不受限制和侵犯。

相关规定

《中华人民共和国民法典》

第一千零四十九条 要求结婚的男女双方应当亲自到婚姻登记机关申请结婚登记。符合本法规定的，予以登记，发给结婚证。完成结婚登记，即确立婚姻关系。未办理结婚登记的，应当补办登记。

《中华人民共和国社区矫正法》

第四条 ……

社区矫正工作应当依法进行，尊重和保障人权。社区矫正对象依法享有的人身权利、财产权利和其他权利不受侵犯，在就业、就学和享受社会保障等方面不受歧视。

52. 离婚时，社区矫正对象是否有权争取孩子的抚养权？

📢 典型案例

谭某因破坏电力设备罪被某县人民法院判处有期徒刑3年，缓期5年。判决生效后，谭某依法在其所居住的某乡镇司法所接受社区矫正。社区矫正期间，谭某与妻子李某因感情不和协议离婚，但二人在儿子归谁抚养的问题上无法达成一致意见。李某认为谭某是社区矫正对象，根本就没有资格抚养儿子。但谭某认为自己是孩子的亲生父亲，当然有权抚养。谭某想争取孩子的抚养权，遂向当地律师咨询。那么，请问离婚时，社区矫正对象是否有权争取孩子的抚养权？

📢 依法解答

孩子的抚养权是父母对其子女的一项人身权利，并不因父母离婚而消除。我国《民法典》第1084条第1款明确规定：父母与子女间的关系，不因父母离婚而消除。离婚后，子女无论由父或者母直接抚养，仍是父母双方的子女。因此，父母离婚后，其与子女之间的亲子关系并不随之消灭，父或母无论是否与子女共同生活，都有抚养和教育的权利和义务。

根据我国《社区矫正法》第4条第2款的规定，社区矫正对象依法享有的人身权利、财产权利和其他权利不受侵犯。因此，谭某作为孩子的亲生父亲有权在离婚时争取孩子的抚养权。

需要注意的是，根据我国《民法典》的规定，在子女抚养权这个问题上，人民法院在审理离婚案件时会从有利于子女身心健康、保障子女合法权益的角度出发，结合未成年子女的年龄、与父母的感情、父母双方的抚养能力和抚养条件等具体情况妥善解决。所以，谭某在离婚时可以争取孩子的抚养权，但是法院不一定会支持其诉讼请求。

相关规定

《中华人民共和国社区矫正法》

第四条 ……

社区矫正工作应当依法进行，尊重和保障人权。社区矫正对象依法享有的人身权利、财产权利和其他权利不受侵犯，在就业、就学和享受社会保障等方面不受歧视。

《中华人民共和国民法典》

第一千零八十四条 父母与子女间的关系，不因父母离婚而消除。离婚后，子女无论由父或者母直接抚养，仍是父母双方的子女。

离婚后，父母对于子女仍有抚养、教育、保护的权利和义务。

离婚后，不满两周岁的子女，以由母亲直接抚养为原则。已满两周岁的子女，父母双方对抚养问题协议不成的，由人民法院根据双方的具体情况，按照最有利于未成年子女的原则判决。子女已满八周岁的，应当尊重其真实意愿。

53. 社区矫正对象离婚时，一定会"净身出户"吗？

典型案例

田某因交通肇事罪被判处 2 年有期徒刑，缓期 2 年执行，之后在某社区接受社区矫正。1 年后，李某（田某的妻子）以夫妻感情不和为由向法院申请离婚，并在起诉书中明确要求田某"净身出户"，原因是田某是社区矫正对象，属于罪犯，离婚时理应"净身出户"。田某在得知李某因其是社区矫正对象而让其"净身出户"时十分苦恼，于是向当地法律援助中心寻求帮助。那么请问，田某是否应当在离婚时"净身出户"？

📢 依法解答

在本案中，李某的说法不对，田某并非应当"净身出户"。我国法律规定了两种离婚方式，一种是协议离婚，一种是去法院诉讼离婚。同时，我国法律赋予社区矫正对象与普通公民同等的民事权利，因此社区矫正对象的离婚与普通公民的离婚没有本质的区别。两人可以协议离婚，协议分配财产，此时如果李某对家庭尽了较多的家庭义务或者离婚后生活困难，田某应当对其给予一定补偿。但是如果以一方有过错导致离婚要求补偿则需满足我国《民法典》第1091条的规定。很显然，法律中并未规定一方可以以另一方是社区矫正对象为由，让其"净身出户"，因此，社区矫正对象如果不存在以上过错也就不必"净身出户"。

📢 相关规定

《中华人民共和国民法典》

第一千零七十六条 夫妻双方自愿离婚的，应当签订书面离婚协议，并亲自到婚姻登记机关申请离婚登记。

离婚协议应当载明双方自愿离婚的意思表示和对子女抚养、财产以及债务处理等事项协商一致的意见。

第一千零七十九条 夫妻一方要求离婚的，可以由有关组织进行调解或者直接向人民法院提起离婚诉讼。

……

第一千零八十八条 夫妻一方因抚育子女、照料老年人、协助另一方工作等负担较多义务的，离婚时有权向另一方请求补偿，另一方应当给予补偿。具体办法由双方协议；协议不成的，由人民法院判决。

第一千零九十一条 有下列情形之一，导致离婚的，无过错方有权请求损害赔偿：

（一）重婚；

（二）与他人同居；

（三）实施家庭暴力；

（四）虐待、遗弃家庭成员；

（五）有其他重大过错。

54. 社区矫正对象可以继承遗产吗？

典型案例

林某因非法拘禁罪被法院判处管制5个月，后在社区接受矫正。不久，林某的父亲因病去世，留有30万元的遗产。在分割遗产时，林甲（林某的哥哥）认为遗产应由自己一人继承，理由是林某现在还是社区矫正对象，没有资格继承遗产。林某对林甲的说法坚决否定，认为自己虽然因触犯法律而受到制裁，但是仍有继承遗产的权利。那么，请问像林某这样的社区矫正对象可以继承遗产吗？

依法解答

像林某这样的社区矫正对象是依法享有继承权的。关于继承人丧失继承权的特定情形，我国《民法典》第1125条第1款作出了具体规定：（1）故意杀害被继承人；（2）为争夺遗产而杀害其他继承人；（3）遗弃被继承人，或者虐待被继承人情节严重；（4）伪造、篡改、隐匿或者销毁遗嘱，情节严重；（5）以欺诈、胁迫手段迫使或者妨碍被继承人设立、变更或者撤回遗嘱，情节严重。也就是说，继承人存在以上五种行为之一时，才丧失继承权，而并不会因其他犯罪类型（如交通肇事罪、抢劫罪等）丧失继承权。由此可知，在本案中，林某因非法拘禁罪被法院判处管制，并不是法律规定的丧失继承权的法定情形，而且也没有法律规定社区矫正对象不能继承遗产。因此，林甲的说法不正确，林某仍然享有继承权。

相关规定

《中华人民共和国民法典》

第一百二十四条　自然人依法享有继承权。

自然人合法的私有财产，可以依法继承。

第一千一百二十五条　继承人有下列行为之一的，丧失继承权：

（一）故意杀害被继承人；

……

继承人有前款第三项至第五项行为，确有悔改表现，被继承人表示宽恕或者事后在遗嘱中将其列为继承人的，该继承人不丧失继承权。

受遗赠人有本条第一款规定行为的，丧失受遗赠权。

55. 社区矫正对象是否有权立遗嘱处分自己的财产？

典型案例

小宋平日里在周边村子欺男霸女，是当地有名的恶霸。一日，小宋又在村子里惹事，将小王打伤。其父老宋听说后赶到现场，情急之下用铁锹将小宋打倒，由于老宋失手打到了其要害，小宋当场死亡。老宋被抓后，乡亲们"联名上书"称："老宋是大义灭亲。"

并且当时老宋已年满 75 周岁，法院结合案件情况判处老宋有期徒刑 3 年，缓刑 2 年。老宋在社区矫正期间，不幸身染重病，他觉得自己命不久矣，想立一份遗嘱，但又担心自己在矫正期间无权立遗嘱。那么，请问老宋是否有权立遗嘱处分自己的财产呢？

📢 依法解答

在本案中，老宋有权立遗嘱处分自己的财产，虽然老宋因为过失杀人而受到法律制裁，但是法律仅是限制了他一定的人身自由，并未剥夺他立遗嘱处分自己财产的权利。我国《民法典》第 1133 条明确规定，自然人可以依法立遗嘱处分个人财产，并可以指定遗嘱执行人。案例中老宋作为财产的所有人，有权通过立遗嘱的方式处分自己的财产，不用担心自己因为受到法律制裁而丧失订立遗嘱处分财产的权利。

📢 相关规定

《中华人民共和国民法典》

第一千一百三十三条　自然人可以依照本法规定立遗嘱处分个人财产，并可以指定遗嘱执行人。

自然人可以立遗嘱将个人财产指定由法定继承人中的一人或者数人继承。

自然人可以立遗嘱将个人财产赠与国家、集体或者法定继承人以外的组织、个人。

自然人可以依法设立遗嘱信托。

二、宪法权利

56. 社区矫正对象有选举权吗?

典型案例

牛某因寻衅滋事罪被某县人民法院判处有期徒刑1年,缓期2年执行,未附加剥夺政治权利。判决生效后,牛某依法在某镇司法所接受社区矫正。年底时,牛某所在的村要进行换届选举,村委会以其是社区矫正对象不享有选举权为由,禁止牛某参加选举。牛某认为自己虽然是社区矫正对象,但并未被关进监狱,应当享有选举权,遂向当地司法行政机关咨询。那么,请问社区矫正对象有选举权吗?

依法解答

选举权是公民依照《宪法》享有的参加选举的权利,是公民的基本政治权利之一。根据我国《宪法》第34条的规定可知,我国公民除依法被剥夺政治权利外,平等地享有选举权和被选举权,任何人无权随意剥夺。本案中,牛某虽然被判处刑罚,但并未被剥夺政治权利,其在社区矫正期间是依法享有选举权的。显然,牛某所在村委会禁止其参加选举的做法是不当的,应当及时改正。当然,如果人民法院判处牛某缓刑的同时附加了剥夺政治权利,那么,即使其未在狱中服刑,也不能行使选举权。

相关规定

《中华人民共和国宪法》

第三十四条 中华人民共和国年满十八周岁的公民,不分民族、种族、性别、职业、家庭出身、宗教信仰、教育程度、财产状况、居住期限,都有选举权和被选举;但是依照法律被剥夺政治权利的人除外。

《中华人民共和国刑法》

第五十四条 剥夺政治权利是剥夺下列权利:

(一)选举权和被选举权;

……

第五十八条 附加剥夺政治权利的刑期,从徒刑、拘役执行完毕之日或者从假释之日起计算;剥夺政治权利的效力当然施用于主刑执行期间。

被剥夺政治权利的犯罪分子,在执行期间,应当遵守法律、行政法规和国务院公安部门有关监督管理的规定,服从监督;不得行使本法第五十四条规定的各项权利。

57. 怀疑某社区矫正对象偷了东西,可以去其家里翻找吗?

典型案例

郭某曾因盗窃罪锒铛入狱,后来被假释,在某社区接受社区矫正。一天,郭某与冯某一同参加完社区矫正机构组织的教育活动后,冯某称自己的手机丢了,并怀疑是被曾经犯过盗窃罪的郭某偷了。郭某觉得自己非常委屈,一直向冯某保证自己绝对没偷。冯某不信,非要去郭某家中搜查。尽管郭某一再拒绝,但冯某还是到郭某家中一顿乱翻。那么,冯某的行为是正当的吗?

依法解答

冯某没有权利到郭某家翻找,其行为是不正当的。根据我国

《宪法》第 39 条的规定，我国公民的住宅不受侵犯，禁止非法搜查或者非法侵入公民的住宅。虽然郭某是一名社区矫正对象，但是其作为我国的公民，宪法赋予他的基本权利并没有被剥夺。所以，郭某的住宅不受任何人的侵犯，冯某到郭某家搜查手机的行为是违法的。如果冯某认为自己的财物被盗，郭某是嫌疑人，其可以向公安机关报案，由公安机关进行处理。

我国《社区矫正法》第 4 条第 2 款规定了社区矫正对象依法享有的人身权利、财产权利和其他权利不受侵犯。郭某虽然曾经犯过盗窃罪，但是已经因此受到了刑事处罚，谁都没有权利给其贴上罪犯的标签，也不得对其有任何歧视。而冯某作为与郭某一同接受社区矫正的矫正对象，更应该理解郭某，互相帮助，共同进步。

相关规定

《中华人民共和国宪法》

第三十九条　中华人民共和国公民的住宅不受侵犯。禁止非法搜查或者非法侵入公民的住宅。

《中华人民共和国社区矫正法》

第四条　……

社区矫正工作应当依法进行，尊重和保障人权。社区矫正对象依法享有的人身权利、财产权利和其他权利不受侵犯，在就业、就学和享受社会保障等方面不受歧视。

58. 社区矫正对象有检举国家机关工作人员的权利吗？

典型案例

张某在一次打架斗殴中因对他人造成二级轻伤被公安机关逮

捕，后因情节较轻，被依法判处管制 6 个月，在其所在社区进行社区矫正。张某在进行社区矫正期间，严格遵守相关规定，表现良好，在参加社区举办的关爱山区孩子的爱心捐助活动中，张某也积极捐赠。但事后，张某无意间得知这次物资捐赠过程中所收到的财物均落到了区民政局局长郭某的手中，根本没有送给山区孩子。张某很是气愤，打算检举郭某的贪污行为。但是，有人认为张某自己都在服刑，没有资格去检举别人。请问，社区矫正对象有检举国家机关工作人员的权利吗？

📣 依法解答

我国一般会限制社区矫正对象外出及进入特定场所的自由，并要求其对一些事项的变动，如居住地的迁移等及时向有关监督部门报告，这样做主要是为了保障社区矫正机关能及时了解矫正对象的相关动态，以便更好地对其进行教育帮助。但是，这并不能否定社区矫正对象检举揭发的权利。我国《宪法》第 41 条规定了中国公民的批评、建议、申诉、控告和检举权。案例中张某虽然是一名社区矫正对象，但检举国家机关工作人员是《宪法》赋予人民的基本权利，其可以行使检举权，检举郭某的贪污行为。

📣 相关规定

《中华人民共和国宪法》

第四十一条 中华人民共和国公民对于任何国家机关和国家工作人员，有提出批评和建议的权利；对于任何国家机关和国家工作人员的违法失职行为，有向有关国家机关提出申诉、控告或者检举的权利，但是不得捏造或者歪曲事实进行诬告陷害。

对于公民的申诉、控告或者检举，有关国家机关必须查清事实，负责处理。任何人不得压制和打击报复。

由于国家机关和国家工作人员侵犯公民权利而受到损失的人，有依照法律规定取得赔偿的权利。

59. 社区矫正对象有参加摄影协会的权利吗？

典型案例

孙某年轻的时候在自己家中开过照相馆，后来生意不景气就转行经商，但摄影一直是孙某的业余爱好。后来，孙某因为经济犯罪而被法院判刑。几年后，孙某假释出狱，并接受社区矫正。某日，一个摄影协会到该社区进行宣传，孙某一直很喜欢摄影，想报名参加这个摄影协会。但是孙某觉得自己毕竟是社区矫正对象，不知道有没有权利参加。那么，社区矫正对象有参加摄影协会的权利吗？

依法解答

摄影协会是民间自发成立的一个社团，社区矫正对象可以参加。我国《社区矫正法》第4条第2款规定：社区矫正对象依法享有的人身权利、财产权利和其他权利不受侵犯，在就业、就学和享受社会保障等方面不受歧视。据此可知，社区矫正对象在服从管理和接受教育之余，与其他公民一样，享有各种权利。而参加摄影协会，正是孙某的基本权利之一，他人不能干涉。

不仅是摄影协会，对于其他的合法组织，社区矫正对象也可以依法加入。对此，我国《宪法》第35条明确规定，中华人民共和国公民有言论、出版、集会、结社、游行、示威的自由。由此可见，结社权是《宪法》赋予每个公民的一项基本权利，社区矫正对象也有权依法享有这一权利。

相关规定

《中华人民共和国宪法》

第三十五条 中华人民共和国公民有言论、出版、集会、结社、游行、示威的自由。

《中华人民共和国社区矫正法》

第四条 ……

社区矫正工作应当依法进行，尊重和保障人权。社区矫正对象依法享有的人身权利、财产权利和其他权利不受侵犯，在就业、就学和享受社会保障等方面不受歧视。

三、人格权利

60. 社区矫正对象的隐私权受法律保护吗？

典型案例

吕某因强奸罪被某县人民法院判处有期徒刑7年。吕某在监狱服刑过程中积极改造，还立过一次三等功，4年后获得假释，依法接受社区矫正。在社区矫正期间，鉴于吕某有强奸的犯罪史，社区矫正机构便派人密切关注吕某的私生活，尤其是跟女性来往的情况，并要求将有关情况汇报到相关工作群。该工作群有数十个成员。吕某得知后，认为自己的隐私权受到了侵犯。那么，请问社区矫正对象的隐私权受法律保护吗？

依法解答

隐私权通常是指自然人依法享有的私人生活安宁与私人信息秘

密不被他人非法侵犯、知悉、利用和公开的一种权利，是每个公民都依法享有的一种人格权利。我国《民法典》第1032条第1款规定，任何组织或者个人不得以刺探、侵扰、泄露、公开等方式侵害他人的隐私权。

同时，我国《社区矫正法》第4条第2款也规定，社区矫正工作应当依法进行，尊重和保障人权。社区矫正对象依法享有的人身权利、财产权利和其他权利不受侵犯，在就业、就学和享受社会保障等方面不受歧视。由此可知，社区矫正人员虽然受到刑事制裁，一些权利受到法律的限制或剥夺，但其应有的人权应当受到严格保护，因而，其隐私权也是依法应当受到法律保护的。

值得我们注意的是，社区矫正对象作为特殊的人群，如果他们的隐私被不正当地公开和宣扬，会被周围人歧视，使其心理产生巨大的压力，这样非常不利于其顺利融入社会。同时，可能还会诱发新的犯罪行为，不利于整个社会的稳定与发展。所以，在上面的案例中，社区矫正机构应该改变工作方式方法，重视和保护社区矫正对象的隐私权。

相关规定

《中华人民共和国民法典》

第一千零三十二条 自然人享有隐私权。任何组织或者个人不得以刺探、侵扰、泄露、公开等方式侵害他人的隐私权。

隐私是自然人的私人生活安宁和不愿为他人知晓的私密空间、私密活动、私密信息。

第一千零三十三条 除法律另有规定或者权利人明确同意外，任何组织或者个人不得实施下列行为：

（一）以电话、短信、即时通讯工具、电子邮件、传单等方式侵扰他人的私人生活安宁；

（二）进入、拍摄、窥视他人的住宅、宾馆房间等私密空间；

（三）拍摄、窥视、窃听、公开他人的私密活动；

（四）拍摄、窥视他人身体的私密部位；

（五）处理他人的私密信息；

（六）以其他方式侵害他人的隐私权。

《中华人民共和国社区矫正法》

第四条 ……

社区矫正工作应当依法进行，尊重和保障人权。社区矫正对象依法享有的人身权利、财产权利和其他权利不受侵犯，在就业、就学和享受社会保障等方面不受歧视。

61. 社区矫正对象的肖像权是否应受到法律的保护？

📢 典型案例

孙某长期虐待自己的亲生父亲，某日，孙某将病重的父亲扔至荒山，所幸父亲被邻居及时救助，未造成严重后果。后来，孙某因遗弃罪被判处管制1年零6个月。重阳节前夕，某科技公司为扩大影响力，多多招商引资，在网络上举办了一场"孝顺、感恩父母"活动，并在活动网站上上传了很多相关的内容，其中，孙某的照片被当作反面教材上传到网站。孙某得知后，以该科技公司侵犯了自己的肖像权为由，要求他们撤掉照片，并向自己道歉。那么，请问社区矫正对象孙某的肖像权受保护吗？

📢 依法解答

肖像权作为公民的一项人格权益，依法受到法律保护。根据我国《民法典》的规定，除了合理实施的涉及他人肖像的行为外，未经肖像权人同意，不得制作、使用、公开肖像权人的肖像。在上面案例中，某科技公司擅自将孙某的照片上传到活动网站，是对其肖像权的侵犯。孙某有权要求其撤下照片，并承担如赔礼道歉、消除影响等法律责任。

社区矫正对象虽然属于正在服刑的人员，但是他们的人格权利同样受到法律的保护，其中，就包括肖像权。社区矫正对象发现自己的肖像权受到侵犯的，应该懂得及时维权。

📢 相关规定

《中华人民共和国民法典》

第一千零一十八条 自然人享有肖像权，有权依法制作、使用、公开或者许可他人使用自己的肖像。

肖像是通过影像、雕塑、绘画等方式在一定载体上所反映的特定自然人可以被识别的外部形象。

第一千零一十九条 任何组织或者个人不得以丑化、污损，或者利用信息技术手段伪造等方式侵害他人的肖像权。未经肖像权人同意，不得制作、使用、公开肖像权人的肖像，但是法律另有规定的除外。

未经肖像权人同意，肖像作品权利人不得以发表、复制、发行、出租、展览等方式使用或者公开肖像权人的肖像。

第一千零二十条 合理实施下列行为的，可以不经肖像权人同意：

（一）为个人学习、艺术欣赏、课堂教学或者科学研究，在必要范围内使用肖像权人已经公开的肖像；

（二）为实施新闻报道，不可避免地制作、使用、公开肖像权人的肖像；

（三）为依法履行职责，国家机关在必要范围内制作、使用、公开肖像权人的肖像；

（四）为展示特定公共环境，不可避免地制作、使用、公开肖像权人的肖像；

（五）为维护公共利益或者肖像权人合法权益，制作、使用、公开肖像权人的肖像的其他行为。

《中华人民共和国社区矫正法》

第四条 ……

社区矫正工作应当依法进行，尊重和保障人权。社区矫正对象依法享有的人身权利、财产权利和其他权利不受侵犯，在就业、就学和享受社会保障等方面不受歧视。

62. 社区矫正对象的名誉权受到他人侵犯时，如何维护？

📢 典型案例

刘某经常"添油加醋"说别人的坏话。同村的钱某因聚众斗殴罪被法院判处了1年零1个月的管制，依法接受社区矫正。一日，刘某在村广场跟其他人闲聊时，称钱某被抓起来其实是因为他强奸了邻村的一个女孩，为了不坐牢，钱某家就拿了好多钱给那个女孩家，并且还找人疏通关系，这才出来的，并说钱某曾调戏过自己的嫂子。刘某的一番话让村民们到处议论钱某和他的家人，严重影响了他们的正常生活。那么，请问社区矫正对象钱某应该如何维护自己的名誉权呢？

📢 依法解答

案例中刘某不但将钱某受到法律制裁的事情在村里大肆宣传，还故意虚构钱某的犯罪事实，对钱某的声誉造成了极坏的影响。刘某的这一行为是违法的。名誉是对一个人或组织等民事主体的品德、声望、才能、信用等的社会评价,根据我国《民法典》第1024条第1款的规定,任何组织或者个人不得以侮辱、诽谤等方式侵害他人的名誉权。名誉权受到侵犯的,受害人可以要求行为人承担停止侵害、消除影响、恢复名誉、赔礼道歉等民事责任。民事责任可以单独适用,也可以合并适用。由此,钱某可以要求刘某停止对其名誉权进行侵害的行为,消除影响,赔礼道歉,并可以要求其赔偿损失。

社区矫正对象违法犯罪虽然是事实,但是也不能被人恶意地宣传,成为笑柄或谈资,社区矫正对象的名誉权同样依法受到保护。

相关规定

《中华人民共和国民法典》

第一百七十九条 承担民事责任的方式主要有:

(一)停止侵害;

(二)排除妨碍;

(三)消除危险;

(四)返还财产;

(五)恢复原状;

(六)修理、重作、更换;

(七)继续履行;

(八)赔偿损失;

(九)支付违约金;

(十)消除影响、恢复名誉;

(十一)赔礼道歉。

法律规定惩罚性赔偿的,依照其规定。

本条规定的承担民事责任的方式,可以单独适用,也可以合并适用。

第九百九十五条 人格权受到侵害的，受害人有权依照本法和其他法律的规定请求行为人承担民事责任。受害人的停止侵害、排除妨碍、消除危险、消除影响、恢复名誉、赔礼道歉请求权，不适用诉讼时效的规定。

第一千条 行为人因侵害人格权承担消除影响、恢复名誉、赔礼道歉等民事责任的，应当与行为的具体方式和造成的影响范围相当。

行为人拒不承担前款规定的民事责任的，人民法院可以采取在报刊、网络等媒体上发布公告或者公布生效裁判文书等方式执行，产生的费用由行为人负担。

第一千零二十四条 民事主体享有名誉权。任何组织或者个人不得以侮辱、诽谤等方式侵害他人的名誉权。

名誉是对民事主体的品德、声望、才能、信用等的社会评价。

63. 社区矫正对象面对他人的侮辱，只能忍气吞声吗？

📢 典型案例

张某是一名社区矫正对象，虽然已经出狱，但是总觉得自己曾经犯过罪，低人一等。刘某和郭某是张某的邻居，二人觉得张某给自己的社区丢了脸面，每次见到张某都要冷嘲热讽一番，张某也只好忍气吞声。某日，张某参加完社区服务活动以后，在小区前面的广场上遇到了刘某，刘某当着众人的面又开始嘲笑张某，还说了很多刺耳的话侮辱他。对此，张某还是低头不语，默默回到了家中。那么，社区矫正对象面对他人的侮辱，只能忍气吞声吗？

📢 依法解答

从我国《宪法》第 38 条和《民法典》第 109 条的规定可知，人格尊严受法律保护。我们每个人都享有人格尊严，不容许任何人侮辱和侵犯。社区矫正对象除在一些情况下依法被剥夺政治权利外，其他权利都受法律保护，在接受矫正期间，人格尊严也同样不受侮辱。对此，我国《社区矫正法》第 4 条第 2 款也明确规定社区矫正工作应当依法进行，尊重和保障人权。本案中，张某虽然曾经犯过罪，但这并不意味着他就低人一等，其人格尊严不容许他人侵犯。所以，面对他人的侮辱，张某可以通过法律的途径来维护自己的尊严，忍气吞声是对自己权利的放弃和对社会不良之风的助长。

对曾经触犯过刑法的张某实行社区矫正，就是为了让他更好地融入社会，去掉犯罪的阴影，因此，不管是社区矫正工作人员还是其他人都应该对张某给予一定的宽容和帮助，而不是肆意进行侮辱，这不仅是不道德的行为，也是法律所不允许的。

📢 相关规定

《中华人民共和国宪法》

第三十八条 中华人民共和国公民的人格尊严不受侵犯。禁止用任何方法对公民进行侮辱、诽谤和诬告陷害。

《中华人民共和国民法典》

第一百零九条 自然人的人身自由、人格尊严受法律保护。

《中华人民共和国社区矫正法》

第四条 ……

社区矫正工作应当依法进行，尊重和保障人权。社区矫正对象依法享有的人身权利、财产权利和其他权利不受侵犯，在就业、就学和享受社会保障等方面不受歧视。

四、劳动与受教育权利

64. 社区矫正对象在法定节假日加班有获得加班费的权利吗？

典型案例

王某被人民法院判处管制，并在社区内依法进行社区矫正。社区矫正期间，某企业为这些矫正对象提供了工作，主要是做一些手工品。王某按照规定参加工作，并获得了一定的报酬。国庆节期间，王某被要求加班3天。但在11月进行工资结算的时候，王某发现自己在国庆节期间的加班是按照正常工作时间结算的，并没有结算加班费。王某便询问相关工作人员，却被告知社区矫正对象在法定节假日加班是没有加班费的，能录用就不错了。那么，这名工作人员的说法是正确的吗？

依法解答

这名工作人员的说法是错误的。根据我国《社区矫正法》第41条的规定可知，企事业单位可以录用社区矫正对象参加工作，而且国家为了帮助社区矫正对象就业，还会给予这些企业一定的优惠政策，其目的是让社区矫正对象像正常人一样参加社会活动，获得一份稳定的收入，拥有一项职业技能，更好地融入社会。社区矫正对象作为一名劳动者，其应享有的劳动权利并没有因犯罪而被剥夺，所以，社区矫正对象与其他劳动者一样，劳动权利受法律保护。对此，《社区矫正法》第4条第2款也明确规定社区矫正对象在就业、就学和享受社会保障等方面不受歧视。

同时，根据我国《劳动合同法》第31条的规定，用人单位安排加班的，应当按照国家有关规定向劳动者支付加班费。王某作为一名劳动者，也必然享有这项权利，企业应该依法为王某支付加班费。而王某是在因庆节法定假期加的班，加班费应该是平时工资的3倍。王某可以向社区矫正机构和劳动保障部门寻求救济，维护自己的合法权益。

📢 相关规定

《中华人民共和国社区矫正法》

第四条 ……

社区矫正工作应当依法进行，尊重和保障人权。社区矫正对象依法享有的人身权利、财产权利和其他权利不受侵犯，在就业、就学和享受社会保障等方面不受歧视。

第四十一条 国家鼓励企业事业单位、社会组织为社区矫正对象提供就业岗位和职业技能培训。招用符合条件的社区矫正对象的企业，按照规定享受国家优惠政策。

《中华人民共和国劳动合同法》

第三十一条 用人单位应当严格执行劳动定额标准，不得强迫或者变相强迫劳动者加班。用人单位安排加班的，应当按照国家有关规定向劳动者支付加班费。

65. 社区矫正对象在劳动中受伤可以享受工伤待遇吗？

📢 典型案例

小韩是一名被判处管制的社区矫正对象。为了帮助小韩和其他社区矫正对象，当地司法所协调 A 企业为他们提供了就业岗位，主要工作是利用小型机械设备进行零件生产。某日，小韩在工作中不小心将自己右手卷进设备，造成右手的三根手指损伤。小韩认为自己应该属于工伤，想申请工伤待遇。那么，社区矫正对象在劳动中受伤可以享受工伤待遇吗？

依法解答

虽然小韩因被判处管制而需要到社区进行矫正，但其在劳动时是以一名劳动者的身份参加的，有权依法享有劳动者的各项权利。根据我国《社区矫正法》第4条第2款的规定，社区矫正对象依法享有的人身权利、财产权利和其他权利不受侵犯，在就业、就学和享受社会保障等方面不受歧视。相应地，小韩是因为工作而导致的受伤，应该享受工伤待遇。

从另外一个角度说，根据我国《罪犯工伤补偿办法（试行）》第7条第1项的规定，罪犯从事日常劳动致伤、致残或死亡的，应当认定为工伤。既然罪犯在狱中从事日常劳动导致伤残都应该认定为工伤，那么举重以明轻，小韩在进行社区矫正时，从事日常劳动导致伤残，也应该认定为工伤。

相关规定

《中华人民共和国社区矫正法》

第四条 ……

社区矫正工作应当依法进行，尊重和保障人权。社区矫正对象依法享有的人身权利、财产权利和其他权利不受侵犯，在就业、就学和享受社会保障等方面不受歧视。

《罪犯工伤补偿办法（试行）》

第七条 罪犯在下列情况下致伤、致残或死亡的，应当认定为工伤：

（一）从事日常劳动、生产或从事监狱临时指派或同意的劳

动的;

(二) 经监狱安排或同意,从事与生产有关的发明创造或技术革新的;

(三) 在紧急情况下,虽未经监狱指定,但从事有益于监狱工作或从事抢险救灾救人等维护国家和人民群众利益的;

(四) 在劳动环境中接触职业性有害因素造成职业病的(职业病种类、名称按国家有关规定执行);

(五) 在生产劳动的时间和区域内,由于不安全因素造成意外伤害的,或者由于工作紧张突发疾病死亡或经第一次抢救治疗后全部丧失劳动能力的;

(六) 经监狱确认其他可以比照因工伤、残或死亡享受工伤补偿待遇的。

66. 社区矫正期间可以参加自学考试吗?

典型案例

赵某因故意伤害罪入狱4年后获得假释,成为一名社区矫正对象。出狱后,在社区工作人员的帮助下,赵某更加清醒地认识到自己曾经犯过的错误,想重新融入社会,好好做人。但是由于学历比较低,又没有一技之长,找工作比较困难,赵某在家人的鼓励下,决定参加自学考试,考取一个成人本科的学历。但赵某想知道自己作为社区矫正对象能不能报考?

依法解答

社区矫正期间是可以参加自学考试的。赵某虽然是一名社区矫正对象,但是只要其满足要考取的学校的要求,就可以报名参加考试。对此,我国《社区矫正法》第 4 条第 2 款明确规定社区矫正对象在就业、就学和享受社会保障等方面不受歧视。社区矫正对象愿意就学、就业,其实是社区矫正效果良好的体现,说明矫正对象充满正能量,愿意为重新回到社会而努力。我国对于社区矫正对象的工作和学习都持鼓励的态度,社区矫正对象不但有权参加自学考试,而且在学习时,矫正小组也会为其提供必要的帮助。

相关规定

《中华人民共和国社区矫正法》
第四条 ……
社区矫正工作应当依法进行,尊重和保障人权。社区矫正对象依法享有的人身权利、财产权利和其他权利不受侵犯,在就业、就学和享受社会保障等方面不受歧视。

67. 被判处管制的人员,参加劳动应该获得报酬吗?

典型案例

杨某因犯寻衅滋事罪被判处管制 1 年,在管制期间依法实行社区矫正。为了贴补家用,杨某打算找份工作,但是杨某妻子担心杨某是社区矫正对象,人家会不给劳动报酬。那么,被判处管制的人在劳动报酬上能否享受一般劳动者的待遇呢?

依法解答

《刑法》第 39 条第 2 款规定,对于被判处管制的犯罪分子,在劳动中应当同工同酬。也就是说,被判处管制的罪犯仍然留在原工作单位或居住地工作或劳动,可以自谋生计,在劳动中与普通公民同工同酬。

《劳动法》第 46 条第 1 款规定，工资分配应当遵循按劳分配原则，实行同工同酬。同工同酬是指用人单位对于技术和劳动熟练程度相同的劳动者在从事同种工作时，不分性别、年龄、民族、区域等差别，只要提供相同的劳动量，就应当获得相同的劳动报酬。同工同酬体现着两个价值取向：一是确保贯彻按劳分配这个大原则，即付出了同等的劳动应得到同等的劳动报酬；二是防止工资分配中的歧视行为，即要求在同一单位，对同样劳动岗位，在同样劳动条件下，不同性别、不同身份、不同户籍或不同用工形式的劳动者之间，只要提供的劳动数量和劳动质量相同，就应给予同等的劳动报酬。因此，作为被管制的社区矫正对象在矫正期间参加劳动时，享有与普通劳动者相同的待遇。案例中杨某妻子的担心是没有必要的。

相关规定

《中华人民共和国刑法》

第三十九条 ……

对于被判处管制的犯罪分子，在劳动中应当同工同酬。

《中华人民共和国劳动法》

第四十六条 工资分配应当遵循按劳分配原则，实行同工同酬。

工资水平在经济发展的基础上逐步提高。国家对工资总量实行宏观调控。

五、其他权利

68. 社区矫正对象可以申请低保吗？

典型案例

张某是一名残疾人，家境贫寒。2019年，张某因盗窃被抓获，由于犯罪情节较轻，被人民法院判处缓刑。在缓刑期间，张某整日在社区中参加劳动。由于该劳动是计件给报酬，张某又天生残疾，完成的工作量非常有限，他每日的劳动收入仅为别人的三分之一。而张某家中有一个正在上学的儿子和患有间歇性精神病的妻子，生活十分拮据。后来，矫正小组的工作人员告知张某，像他这种情况可以申请低保。那么，社区矫正对象是否可以申请低保？

依法解答

所谓低保，即最低生活保障。目前，我国将家庭人均收入低于当地最低生活保障标准的城市居民，纳入了城市居民最低生活保障范围，符合条件的可以申请最低生活保障，所需资金由地方各级人民政府列入财政预算。由此可见，申请低保只有生活困难的条件限制，不涉及申请人是否被执行刑罚，所以，社区矫正对象也是可以申请低保的。

同时，我国《社区矫正法》第4条第2款规定，社区矫正对象依法享有的人身权利、财产权利和其他权利不受侵犯，在就业、就学和享受社会保障等方面不受歧视。该法专门规定了社区矫正对象在享受社会保障方面的各项权利，社区矫正对象的权利义务与他人是相同的，不受任何歧视。

不仅如此，根据我国《社区矫正法实施办法》第45条的规定，社区矫正机构、受委托的司法所有义务帮助符合条件的社区矫正对象落实社会保障措施。也就是说，在张某申请低保时，不但不会受到任何歧视和不公平待遇，而且社区矫正机构还应该给予一定的帮助，从而落实张某的最低生活保障，帮助其顺利融入社会，避免其因生活困难再次走向犯罪歧途。

相关规定

《中华人民共和国社区矫正法》

第四条 ……

社区矫正工作应当依法进行，尊重和保障人权。社区矫正对象依法享有的人身权利、财产权利和其他权利不受侵犯，在就业、就学和享受社会保障等方面不受歧视。

《中华人民共和国社区矫正法实施办法》

第四十五条 执行地县级社区矫正机构、受委托的司法所依法协调有关部门和单位，根据职责分工，对遇到暂时生活困难的社区矫正对象提供临时救助；对就业困难的社区矫正对象提供职业技能培训和就业指导；帮助符合条件的社区矫正对象落实社会保障措施；协助在就学、法律援助等方面遇到困难的社区矫正对象解决问题。

69. 社区矫正对象可以贷款买房吗？

典型案例

26岁的刘某曾因抢劫罪被判处缓刑，正在进行社区矫正，并准备与相恋五年的女朋友钟某结婚。但是钟某的父母觉得刘某现在还在进行社区矫正，不同意二人的婚事。后来经过协商，钟某父母提出如果刘某能给钟某买一套房子，就同意二人结婚，实在不能全款购房的话，也可以贷款买房。于是，刘某在父母和亲戚的帮助下凑了30万元，准备再贷一笔款买一套房子。但是，刘某听说社区矫正对象不可以贷款买房。那么，社区矫正对象到底能不能贷款买房子呢？

依法解答

　　社区矫正这一制度的主要目的在于使犯罪分子能够在一个相对自由、宽松的环境中进行充分的改造，不至于与社会严重脱节。当然，在进行社区矫正时，基于社区矫正对象的犯罪性质、社会危害性等，某些权利是会受到限制的。根据我国《社区矫正法》第4条第2款的规定，社区矫正对象依法享有的人身权利、财产权利和其他权利不受侵犯，在就业、就学和享受社会保障等方面不受歧视。也就是说，社区矫正对象依法享有处分自己合法财产的权利，而贷款买房属于一种处分财产权利的表现。所以，在上面的案例中，刘某可以贷款买房。至于银行是否会放贷，则要根据每个银行贷款的具体规定来判断，同时，还取决于刘某是否具备银行需要的偿还能力或者达到借贷的要求。

相关规定

《中华人民共和国社区矫正法》
第四条　……
　　社区矫正工作应当依法进行，尊重和保障人权。社区矫正对象依法享有的人身权利、财产权利和其他权利不受侵犯，在就业、就学和享受社会保障等方面不受歧视。

70. 社区矫正对象的土地被征收，有权得到补偿款吗？

📢 典型案例

某日，郑某骑三轮车回家，把一个行人撞成了重伤，被法院判处缓刑。在郑某进行社区矫正期间，因经济发展的需要，他和村里很多村民的土地都被政府征收了。村民们都很高兴，因为土地被征收能得到一大笔补偿款。郑某却高兴不起来，他担心因为自己是社区矫正对象不能得到补偿款。请问：郑某有权得到补偿款吗？

📢 依法解答

郑某有权得到征收补偿款。我国《民法典》明确规定，民事主体的财产权利受法律平等保护。郑某的土地承包经营权是其财产权利，法律应当平等保护。现在郑某的土地被征收，按照《民法典》第117条的规定，理应享有土地征收补偿款。另外，我国《社区矫正法》第4条第2款明确规定，社区矫正对象依法享有的人身权利、财产权利和其他权利不受侵犯。由此可知，即使郑某是社区矫正对象，其相应的民事权利仍然存在，仍是土地承包权人，因此，土地被征收后，他有权获得补偿款。

📢 相关规定

《中华人民共和国民法典》

第一百一十三条　民事主体的财产权利受法律平等保护。

第一百一十七条　为了公共利益的需要，依照法律规定的权限和程序征收、征用不动产或者动产的，应当给予公平、合理的补偿。

《中华人民共和国社区矫正法》

第四条　……

社区矫正工作应当依法进行，尊重和保障人权。社区矫正对象依法享有的人身权利、财产权利和其他权利不受侵犯，在就业、就学和享受社会保障等方面不受歧视。

71. 社区矫正对象能发表其创作的文学作品吗？

典型案例

李某是 A 广告公司的创意总监，业务能力很强。一次公司接了一个关于洗发水的广告，需要和 B 广告公司竞标。李某作为创意总监负责整个广告的创意，于是 B 广告公司找到李某，提出如果他能提供 A 广告公司的广告创意将会给他一大笔好处费，李某禁不住诱惑就把公司的机密提供给了 B 广告公司。A 广告公司发现后报了警，最后李某被法院判处缓刑。在社区矫正期间，李某写了一本小说想发表，但是他不知道自己作为社区矫正对象是否享有著作权。请问社区矫正对象能发表其创作的文学作品吗？其享有著作权吗？

依法解答

李某对其在社区矫正期间创作的文学作品享有著作权。关于著作权的主体范围，我国《著作权法》第 2 条第 1 款规定，中国公民、法人或者非法人组织的作品，不论是否发表，依照本法享有著作权。可见，凡是中国公民均享有著作权，所以李某作为我国公民其当然享有著作权，且不论其作品是否发表。

此外，我国《社区矫正法》第 4 条第 2 款明确规定，社区矫正对象依法享有的人身权利、财产权利和其他权利不受侵犯。本案中的李某虽然是社区矫正对象，但是其对个人作品依法享有著作权，可以自由决定是否将其作品发表。

相关规定

《中华人民共和国著作权法》

第二条 中国公民、法人或者非法人组织的作品,不论是否发表,依照本法享有著作权。

……

《中华人民共和国社区矫正法》

第四条 ……

社区矫正工作应当依法进行,尊重和保障人权。社区矫正对象依法享有的人身权利、财产权利和其他权利不受侵犯,在就业、就学和享受社会保障等方面不受歧视。

72. 社区矫正对象可以将财产赠与他人吗?

典型案例

程某是某机械厂的工人,因为一次工作上的失误被工厂开除。程某觉得工厂对他的处理不公平,但多次找厂领导理论都没有结果。程某一气之下在车间放了一把火,导致赵某受到轻伤,最终程某被法院判处缓刑。程某在社区矫正期间得知赵某家庭经济状况不佳,便打算和赵某签订一份赠与合同,把自己的一幅价值10万元的字画赠送给赵某,以弥补因自己的冲动给赵某带来的伤害。请问社区矫正对象可以与他人订立赠与合同,把自己的财产赠与他人吗?

依法解答

程某虽然是社区矫正对象,但是他具有相应的民事权利能力和民事行为能力，可以与他人订立包括赠与合同在内的合同。另外，程某的赠与行为也完全符合我国《民法典》第143条规定的有效的民事法律行为应具备的条件，即"行为人具有相应的民事行为能力、意思表示真实和不违反法律、行政法规的强制性规定，不违背公序良俗"。也就是说，程某作为完全民事行为能力人，他想将自己所有的财产赠与赵某的意思表示真实，没有违反法律和社会公共利益，属于凭自己的意志依法处分自己的财产，所以，他可以和赵某订立合同，将字画赠与赵某。

相关规定

《中华人民共和国民法典》

第一百四十三条 具备下列条件的民事法律行为有效：

（一）行为人具有相应的民事行为能力；

（二）意思表示真实；

（三）不违反法律、行政法规的强制性规定，不违背公序良俗。

第七章

社区矫正对象应该了解的刑法知识

一、管制

73. 什么是管制？

典型案例

张某与老伴只生育了张三一个儿子。四年前，张某的老伴得病去世，张某就一个人生活在旧屋里。后来，张某不幸染上重病，下肢瘫痪，丧失了劳动能力。一天晚上，张三偷偷将张某扔到荒山上，不再理睬他的死活。第二天，上山劳作的村民谢某发现了已经冻僵的张某，将其送往医院。后来，法院以遗弃罪判处张三管制。那么请问，什么是管制？

依法解答

管制，是我国《刑法》规定的一种刑罚种类。被判处管制的罪犯仍然留在原工作单位、居住地工作或劳动。管制的期限为3个月以上2年以下，数罪并罚时不得超过3年。

具体而言，管制具有以下特征：

（1）对犯罪分子不予关押，不剥夺其人身自由。被判处管制的犯罪分子在服刑期间，不羁押在监狱、看守所等场所中，仍留在原工作单位或居住地，也不离开自己的家庭，不中断与社会的正常交往。对罪犯不予关押，是管制与其他刑罚的重要区别。

（2）被判处管制的罪犯须在当地社区矫正机构的监督下进行改造，其自由受到一定限制，主要表现在限制罪犯的政治权利、担任领导职务、外出经商、迁居等。

（3）被判处管制的罪犯可以自谋生计，在劳动中享受同工同酬。

相关规定

《中华人民共和国刑法》

第三十八条　管制的期限，为三个月以上二年以下。

判处管制，可以根据犯罪情况，同时禁止犯罪分子在执行期间从事特定活动，进入特定区域、场所，接触特定的人。

对判处管制的犯罪分子，依法实行社区矫正。

违反第二款规定的禁止令的，由公安机关依照《中华人民共和国治安管理处罚法》的规定处罚。

74. 什么情形下可能被判处管制？

典型案例

高兴是高某与前妻胡某的女儿，高某与胡某因感情不和离婚，高兴跟随父亲生活。高某与薛某再婚后生育了儿子高小。薛某自从跟高某结婚之后，就一直虐待高兴，不给她饭吃，而且不断打骂她，高兴身上经常青一块紫一块。后来有了高小，薛某更是变本加厉地虐待高兴，经常将高兴关在黑屋里，不允许外出。一次，由于高兴偷吃东西，薛某更是将高兴的腿打断了。后来，薛某因虐待罪被起诉，那么请问，薛某可能被判处管制吗？

依法解答

我国《刑法》将管制规定为主刑的一种，由人民法院判决，社区矫正机构执行。相较于其他剥夺人身自由的主刑而言，管制只是在一定程度上限制人身自由，然而，并不是所有犯罪都能适用管制刑罚。那么，什么情形下可能被判处管制呢？

管制的适用对象须同时符合两个条件：

（1）罪行性质轻、危害小。我国刑法分则规定可以适用管制的犯罪主要集中在妨害社会管理秩序罪和妨害婚姻家庭罪中，这些犯罪的共同特点是罪行不十分严重，社会危害性较小。如妨害公务罪、传授犯罪方法罪、暴力干涉婚姻自由罪、虐待罪、遗弃罪等，除情节严重或特别严重外，均可以适用管制。

（2）人身危险性较小。管制并不剥夺罪犯的人身自由，只是在一定程度上限制其人身自由，所以，适用管制的犯罪分子必须人身危险性较小，否则，管制将难以达到预防犯罪的目的，如抢劫罪、爆炸罪、投毒罪、危害公共安全罪、故意杀人罪等人身危险性极大的犯罪，均不能适用管制。

在本案中，薛某对高兴进行虐待，导致高兴身体和精神受到严重的伤害，已经构成了虐待罪。根据我国《刑法》第260条第1款的规定，虐待家庭成员，情节恶劣的，处2年以下有期徒刑、拘役或者管制。因此，薛某有可能被判处管制。

相关规定

《中华人民共和国刑法》

第三十八条 管制的期限,为三个月以上二年以下。

判处管制,可以根据犯罪情况,同时禁止犯罪分子在执行期间从事特定活动,进入特定区域、场所,接触特定的人。

对判处管制的犯罪分子,依法实行社区矫正。

违反第二款规定的禁止令的,由公安机关依照《中华人民共和国治安管理处罚法》的规定处罚。

第二百六十条 虐待家庭成员,情节恶劣的,处二年以下有期徒刑、拘役或者管制。

犯前款罪,致使被害人重伤、死亡的,处二年以上七年以下有期徒刑。

第一款罪,告诉的才处理,但被害人没有能力告诉,或者因受到强制、威吓无法告诉的除外。

75. 被判处管制的人要遵循哪些规定?

典型案例

马某整天游手好闲,不务正业。一日,马某的好友孙某在学校被岳某等人欺负,后孙某将此事告诉了马某,于是马某带领十几个小弟去找岳某报仇。当日,岳某也召集了十几个人,两伙人见面之后就打了起来,最终造成多人受伤,马某、岳某也均被砍伤。后来,法院以聚众斗殴罪分别判处马某、岳某管制 1 年零 1 个月、1 年零 3 个月。马某、岳某经过这件事幡然醒悟,知道自己触犯了法律,决定认真遵守管制期间的规定,重新做人。那么,请问马某与岳某在被管制期间，需要遵循哪些规定呢？

📢 依法解答

我国《刑法》明确规定被判处管制的罪犯应当遵守以下规定：

（1）遵守法律、行政法规，服从监督；

（2）未经执行机关批准，不得行使言论、出版、集会、结社、游行、示威自由的权利；

（3）按照执行机关规定报告自己的活动情况；

（4）遵守执行机关关于会客的规定；

（5）离开所居住的市、县或者迁居，应当报经执行机关批准；

（6）遵守其他具体的监督管理措施。

此外，依照《最高人民法院、最高人民检察院、公安部、司法部关于对判处管制、宣告缓刑的犯罪分子适用禁止令有关问题的规定（试行）》第3条的规定，犯罪分子被法院判处管制时适用禁止令的，还要遵守禁止令的情形，如不得从事特定活动，进入特定区域、场所，接触特定的人。

由此可知，在本案中，马某与岳某在被管制期间，应当遵守上述规定，不得违反。

📢 相关规定

《中华人民共和国刑法》

第三十九条 被判处管制的犯罪分子，在执行期间，应当遵守下列规定：

（一）遵守法律、行政法规，服从监督；

……

《最高人民法院、最高人民检察院、公安部、司法部关于对判处管制、宣告缓刑的犯罪分子适用禁止令有关问题的规定（试行）》

第三条　人民法院可以根据犯罪情况，禁止判处管制、宣告缓刑的犯罪分子在管制执行期间、缓刑考验期限内从事以下一项或者几项活动：

（一）个人为进行违法犯罪活动而设立公司、企业、事业单位或者在设立公司、企业、事业单位后以实施犯罪为主要活动的，禁止设立公司、企业、事业单位；

（二）实施证券犯罪、贷款犯罪、票据犯罪、信用卡犯罪等金融犯罪的，禁止从事证券交易、申领贷款、使用票据或者申领、使用信用卡等金融活动；

（三）利用从事特定生产经营活动实施犯罪的，禁止从事相关生产经营活动；

（四）附带民事赔偿义务未履行完毕，违法所得未追缴、退赔到位，或者罚金尚未足额缴纳的，禁止从事高消费活动；

（五）其他确有必要禁止从事的活动。

第四条　人民法院可以根据犯罪情况，禁止判处管制、宣告缓刑的犯罪分子在管制执行期间、缓刑考验期限内进入以下一类或者几类区域、场所：

（一）禁止进入夜总会、酒吧、迪厅、网吧等娱乐场所；

（二）未经执行机关批准，禁止进入举办大型群众性活动的场所；

（三）禁止进入中小学校区、幼儿园园区及周边地区，确因本人就学、居住等原因，经执行机关批准的除外；

（四）其他确有必要禁止进入的区域、场所。

76. 管制实际执行的期限是多长时间?

典型案例

谢大是谢二的哥哥,谢二平时就喜欢到处惹是生非。一日,村南头发生了一起命案,隔壁村的王大被人用刀砍死。经过侦查机关的调查取证,发现谢二有重大作案嫌疑,并且经过对谢二的住所进行搜查,侦查人员发现了一把带血的斧头。在法院公开审理谢二案件时,谢大以家属的身份进行了旁听。在庭审中,谢大大吵大闹,声称王大不是谢二杀死的,并一直说脏话,严重扰乱了法庭秩序,谢大被带离法庭后被羁押了15天,后法院判处谢大管制3个月。那么,请问需要对谢大实际执行的管制期限是多长时间?

依法解答

我国《刑法》规定,管制的期限为3个月以上2年以下,但是在数罪并罚时,可以延长到3年。管制的刑期,从判决执行之日起计算,判决执行以前先行羁押的,羁押1日折抵刑期2日。之所以规定羁押1日折抵刑期2日,是因为判决执行以前先行羁押的属于剥夺自由,而管制只是限制自由。

由此可知,在本案中,谢大被判处了3个月的管制,但由于在实际执行前,已经被先行羁押了15日,这15日可折抵成30日。因此,除去折抵的30日,谢大实际需要执行的管制期限是60日。

相关规定

《中华人民共和国刑法》

第三十八条 管制的期限,为三个月以上二年以下。

……

第四十一条 管制的刑期,从判决执行之日起计算;判决执行以前先行羁押的,羁押一日折抵刑期二日。

第六十九条 判决宣告以前一人犯数罪的,除判处死刑和无期徒刑的以外,应当在总和刑期以下、数刑中最高刑期以上,酌情决定执行的刑期,但是管制最高不能超过三年,拘役最高不能超过一年,有期徒刑总和刑期不满三十五年的,最高不能超过二十年,总和刑期在三十五年以上的,最高不能超过二十五年。

……

77. 被判处管制,可以附加剥夺政治权利吗?

典型案例

一日,宋某潜入一户人家,盗取了一条翡翠项链和10万元的现金。之后,宋某将盗窃的翡翠项链交给了远房表叔张某保管,并且告诉张某东西是自己偷来的。后来,警方找到张某,询问翡翠项链的事情,张某声称翡翠项链是自己祖上留下来的。没过多久,宋某被抓,如实供述了自己的罪行,并说自己将偷来的翡翠项链放在了张某处。最终,张某以窝藏赃物罪被判处管制1年零2个月。在张某被管制期间,该区进行了选举。那么,请问张某是否还有选举权?被判处管制,可以附加剥夺政治权利吗?

依法解答

管制要求罪犯在社会上服刑,在有关部门的监督下进行劳动改造,还可能同时禁止其在执行期间从事特定活动,进入特定区域、场所,接触特定的人。那么管制的具体内容里是否涵盖了剥夺政治权利?

简单来说，我国《刑法》将刑罚分为主刑和附加刑两大类。主刑只能独立适用不能附加适用，主刑包括管制、拘役、有期徒刑、无期徒刑和死刑五种；附加刑又称从刑，是补充主刑适用的刑罚方式，附加刑的基本特点是既可以独立适用也可以附加适用。我国《刑法》规定附加刑包括罚金、剥夺政治权利和没收财产三种，此外还有对犯罪的外国人独立适用或附加适用的驱逐出境。

因此，管制作为《刑法》规定的主刑中的一种，其本身并不包含剥夺政治权利的内容。如果被判处管制的犯罪分子需要同时被剥夺政治权利的，应当把剥夺政治权利作为附加刑判处，其期限与管制的期限相等，同时执行。也就是说，被判处管制的社区矫正对象，是可以附加剥夺政治权利的。

在本案中，张某因窝藏赃物罪只被判处了1年零2个月的管制，并没有被判处附加剥夺政治权利，因此，张某可以参加所在区的选举活动。

相关规定

《中华人民共和国刑法》

第五十五条 剥夺政治权利的期限，除本法第五十七条规定外，为一年以上五年以下。

判处管制附加剥夺政治权利的，剥夺政治权利的期限与管制的期限相等，同时执行。

第五十六条 对于危害国家安全的犯罪分子应当附加剥夺政治权利；对于故意杀人、强奸、放火、爆炸、投毒、抢劫等严重破坏社会秩序的犯罪分子，可以附加剥夺政治权利。

独立适用剥夺政治权利的，依照本法分则的规定。

二、缓刑

78. 什么是缓刑？

典型案例

欢欢出生在一个比较贫困的家庭，父亲刘某靠收废品为生，母亲于某没有工作。后来于某病重，医生告知她只剩下半年的时间。于某一直有一个心愿，就是为欢欢准备一份嫁妆，但是因家里条件有限，这个心愿一直没有实现。刘某为完成妻子的心愿，在逛某首饰店时，趁店员不注意，偷走了价值 10000 元的项链。没过多久，刘某的罪行被发现，法庭以盗窃罪判处其 1 年有期徒刑。但是综合考虑刘某的犯罪动机、情节以及悔罪表现，最终对刘某做出缓刑的判决。请问，什么是缓刑？

依法解答

缓刑是指对于被判处拘役、3 年以下有期徒刑的罪犯，根据其犯罪情节和悔罪表现，如果暂缓执行刑罚确实不致再危害社会，就规定一定的考验期，暂缓刑罚的执行；在考验期内，如果其遵守一定的条件，原判刑罚就不再执行的一项制度。需要注意的是，缓刑既判处一定刑罚，又暂不执行，但在一定期间内保留执行的可能性；缓刑既是一种量刑制度，也是一种刑罚执行制度，但不是一种独立的刑种。

适用缓刑需要满足以下条件：第一，对象必须是被判处拘役，或者 3 年以下有期徒刑的犯罪分子；第二，罪犯的犯罪情节较轻、有悔罪表现、没有再犯罪的危险；第三，宣告缓刑对所居住社区没有重大不良影响；第四，累犯不论其刑期长短，一律不能适用缓刑。

当然，我国《刑法》除规定了一般缓刑制度外，还规定了特殊缓刑，即战时缓刑制度。所谓战时缓刑制度，是指在战时，对被判处3年以下有期徒刑没有现实危险宣告缓刑的犯罪军人，允许其戴罪立功，确有立功表现时，可以撤销原判刑罚，不以犯罪论处。战时缓刑制度是对我国《刑法》中一般缓刑制度的重要补充，它与一般缓刑制度共同构成了我国缓刑制度的整体。

相关规定

《中华人民共和国刑法》

第七十二条　对于被判处拘役、三年以下有期徒刑的犯罪分子，同时符合下列条件的，可以宣告缓刑，对其中不满十八周岁的人、怀孕的妇女和已满七十五周岁的人，应当宣告缓刑：

（一）犯罪情节较轻；

（二）有悔罪表现；

（三）没有再犯罪的危险；

（四）宣告缓刑对所居住社区没有重大不良影响。

宣告缓刑，可以根据犯罪情况，同时禁止犯罪分子在缓刑考验期限内从事特定活动，进入特定区域、场所，接触特定的人。

被宣告缓刑的犯罪分子，如果被判处附加刑，附加刑仍须执行。

第七十四条　对于累犯和犯罪集团的首要分子，不适用缓刑。

第四百四十九条　在战时，对被判处三年以下有期徒刑没有现实危险宣告缓刑的犯罪军人，允许其戴罪立功，确有立功表现时，可以撤销原判刑罚，不以犯罪论处。

79. 缓刑的考验期限是多长时间？

典型案例

高中生小华放学后骑车回家，在转弯时不慎撞倒了吴某。在小华道歉之后，吴某依然不依不饶，非要小华下跪道歉。小华的哥哥小峰到超市买东西，正好撞见小华被吴某欺负，于是捡起地上的木棍打向吴某头部。经鉴定，吴某为重伤二级。小峰被以故意伤害罪提起诉讼，案件在审理时，小峰认罪态度较好，积极赔偿被害人损失并取得被害人的谅解，法院考虑到他在案发前无违法犯罪记录，最终判处其有期徒刑2年，缓刑3年。请问，小峰的缓刑考验期是多久？

依法解答

缓刑考验期，是指法律规定的对宣告缓刑的犯罪分子在社会上对其进行考察的期限。案例中小峰被判处2年有期徒刑，缓刑3年，那么考验期就为3年。缓刑的考验期必须依所判刑种和刑期确定。所判刑种和刑期的差别决定了其具有不同的法定考验期。根据我国《刑法》第73条的规定，拘役的缓刑考验期限为原判刑期以上1年以下，但是不能少于2个月。有期徒刑的缓刑考验期限为原判刑期以上5年以下，但是不能少于1年。

另外，《刑法》规定缓刑考验期限从判决确定之日起计算。所谓判决确定之日，是指判决发生法律效力之日。如果提出上诉或者抗诉后，经二审维持原判的，则应从二审判决确定之日起计算。被宣告缓刑的犯罪分子，需要在缓刑考验期限内进行考察，判决前先行羁押的日期，不予折抵缓刑考验期。如果一审宣判后，被宣告缓刑的犯罪分子仍在押的，可先作出变更强制措施的决定，改为监视居住或者取保候审，待判决生效后再依法交付考察。

相关规定

《中华人民共和国刑法》

第七十三条　拘役的缓刑考验期限为原判刑期以上一年以下，但是不能少于二个月。

有期徒刑的缓刑考验期限为原判刑期以上五年以下，但是不能少于一年。

缓刑考验期限，从判决确定之日起计算。

80. 缓刑犯应遵守哪些规定？

典型案例

齐某毕业于某戏剧学院，在参与拍摄几部电视剧后，因赚钱少便不做了。某日，齐某与朋友朱某聊天，编造谎言称其同学孙某是大导演，正在筹资拍摄一部影片，影片上映后一定能赚钱。齐某告诉朱某自己已经投资7万元，如果朱某也投资，可以赚到不少钱。朱某听信了齐某的话，便交给齐某3万元。事后，齐某去向不明，朱某无法与他取得联系，便向公安机关报案。很快，齐某在某旅馆被公安机关抓获。归案后，齐某如实供述了其犯罪事实，退还了赃款3万元，并得到了朱某的谅解。法院以诈骗罪判处齐某2年有期徒刑，缓刑3年。请问，被判处缓刑后，齐某应遵守哪些规定？

依法解答

根据《刑法》第75条的规定，齐某在被判处缓刑后，应当遵守国家法律、国务院行政法规，自觉服从公安机关、所在单位以及基层组织监督；按照公安机关的规定，报告自己的活动情况，如自己的思想、改造和遵纪守法的情况等；遵守公安机关向其宣布的有关会客的要求和规定；未经批准不得擅自离开居住的市、县或者迁居。如果齐某在缓刑考验期限内，有违反法律、行政法规或者有关缓刑的监督管理规定的行为，情节严重的，会承担撤销缓刑、执行原判刑罚的后果。

相关规定

《中华人民共和国刑法》

第七十五条 被宣告缓刑的犯罪分子，应当遵守下列规定：

（一）遵守法律、行政法规，服从监督；

……

81. 缓刑考验期限内犯新罪的，会有什么后果？

典型案例

杨某因犯内幕交易罪被判处拘役6个月，缓期1年执行。杨某在接受社区矫正期间，与几个朋友在社区某饭店吃饭的时候，遇见前女友珊珊与几个男性在一起，其中就有珊珊的现任男友赵某。赵某知道珊珊曾经与杨某相恋的事情，就故意大声跟珊珊说："你当初跟杨某分手是做得最正确的决定，要不然就成为罪犯的老婆了。"说完，赵某还故意哈哈大笑，讽刺杨某。杨某要求赵某向自己道歉，但是遭到了拒绝，由此引发双方大打出手。在打斗的过程中，杨某用酒瓶、板凳等连续打中了赵某头部，导致赵某重伤，杨某因故意伤害罪被依法追究刑事责任。那么，杨某会承担什么后果呢？

依法解答

根据《刑法》第 77 条第 1 款的规定,被宣告缓刑的犯罪分子,在缓刑考验期限内犯新罪的,应当撤销缓刑,对新犯的罪作出判决,把前罪和后罪所判处的刑罚,数罪并罚,决定执行的刑罚。在上述案例中,杨某作为被判处缓刑的社区矫正人员,在社区矫正期间又因故意伤害罪被追究刑事责任,依据法律的规定,应当撤销杨某因内幕交易罪被判处的缓刑,将其收监执行剩余刑期。同时,法院会对杨某新犯罪依法作出判决,并把故意伤害罪和内幕交易罪所判处的刑罚,按照数罪并罚的原则,决定执行的刑罚。也就是说,杨某因新犯故意伤害罪被羁押后,其社区矫正终止,法院将根据新罪的犯罪行为及前罪确定最终刑期,将其送交监狱执行剩余刑期。

相关规定

《中华人民共和国刑法》

第六十九条 判决宣告以前一人犯数罪的,除判处死刑和无期徒刑的以外,应当在总和刑期以下、数刑中最高刑期以上,酌情决定执行的刑期,但是管制最高不能超过三年,拘役最高不能超过一年,有期徒刑总和刑期不满三十五年的,最高不能超过二十年,总和刑期在三十五年以上的,最高不能超过二十五年。

……

数罪中有判处附加刑的,附加刑仍须执行,其中附加刑种类相同的,合并执行,种类不同的,分别执行。

第七十七条 被宣告缓刑的犯罪分子,在缓刑考验期限内犯新罪或者发现判决宣告以前还有其他罪没有判决的,应当撤销缓刑,对新犯的罪或者新发现的罪作出判决,把前罪和后罪所判处的刑罚,依照本法第六十九条的规定,决定执行的刑罚。

被宣告缓刑的犯罪分子，在缓刑考验期限内，违反法律、行政法规或者国务院有关部门关于缓刑的监督管理规定，或者违反人民法院判决中的禁止令，情节严重的，应当撤销缓刑，执行原判刑罚。

三、假释

82. 什么是假释？

典型案例

赵某年轻气盛，处事鲁莽，因此一直也没有找到稳定的工作。最近，他听朋友说在街边卖烧烤很赚钱，于是就购置了烧烤相关的整套工具。当赵某兴冲冲地来到街边开始做生意时，竟然有街头霸王来收取保护费。赵某认为自己刚开始做生意还没有赚钱，于是告诉对方再宽限1个月的时间。不料，对方突然发火并大声谩骂赵某。过了一会儿，二人仍然僵持不下，赵某便气急败坏地和对方打起来，最后，赵某将对方打成重伤，其也因此获刑。因赵某在狱中表现良好，过了1年多就被假释了。那么请问，什么是假释？

依法解答

所谓假释，是指对被判处有期徒刑、无期徒刑的犯罪分子，在执行一定刑期之后，因其遵守监规，接受教育和改造，确有悔改表现，不致再危害社会，而附条件地将其予以提前释放。如果在假释期间表现良好，遵守国家法律法规，既没有犯新罪，也没有发现漏罪，依法进行了社区矫正，那么，假释期满就认为原判刑罚已经执行完毕而无须再在监狱中执行剩余刑期。关于假释制度，我国《刑法》第 81 条至第 86 条作出了详细的规定，包括假释的适用条件、程序、考验期限、假释犯应遵守的规定、假释的考验及其后果、假释的撤销及其处理。

在我国《刑法》中,假释是一项重要的激励罪犯改造的刑罚执行制度,符合我国宽严相济的刑事政策,正确地适用假释,有利于把那些经过一定服刑期间确有悔改表现、没有必要继续关押改造的罪犯放到社会上进行改造,使之早日融入社会。本案的赵某因在刑罚执行期间认真悔过、表现良好,符合假释的条件,因此,可以被提前释放并接受社区矫正。当赵某假释期满,他的刑罚才彻底执行完毕,才会成为"自由人"。

相关规定

《中华人民共和国刑法》

第八十一条 被判处有期徒刑的犯罪分子,执行原判刑期二分之一以上,被判处无期徒刑的犯罪分子,实际执行十三年以上,如果认真遵守监规,接受教育改造,确有悔改表现,没有再犯罪的危险的,可以假释。如果有特殊情况,经最高人民法院核准,可以不受上述执行刑期的限制。

……

第八十五条 对假释的犯罪分子,在假释考验期限内,依法实行社区矫正,如果没有本法第八十六条规定的情形,假释考验期满,就认为原判刑罚已经执行完毕,并公开予以宣告。

第八十六条 被假释的犯罪分子,在假释考验期限内犯新罪,应当撤销假释,依照本法第七十一条的规定实行数罪并罚。

在假释考验期限内,发现被假释的犯罪分子在判决宣告以前还有其他罪没有判决的,应当撤销假释,依照本法第七十条的规定实行数罪并罚。

被假释的犯罪分子,在假释考验期限内,有违反法律、行政法规或者国务院有关部门关于假释的监督管理规定的行为，尚未构成新的犯罪的，应当依照法定程序撤销假释，收监执行未执行完毕的刑罚。

83. 哪些犯罪嫌疑人不能适用假释？

📢 典型案例

何某一向蛮横专断。周某是何某生意上的竞争对手，曾因其产品价格更低而使何某的商品市场占有率大大降低。何某认为周某是恶意竞争，便开始记恨周某，并且处心积虑地要报复他。后来，何某资金链断裂，最终因资不抵债而破产，为了发泄消极情绪，他对周某起了歹心。何某来到周某家，破门而入并用随身携带的水果刀捅伤了周某，结果造成周某失血过多死亡。后经过法院审判，何某因故意杀人罪被判处无期徒刑。请问：何某符合假释的条件吗？哪些犯罪嫌疑人不适用假释？

📢 依法解答

何某不符合假释的条件。我国《刑法》第81条第2款规定，对累犯以及因故意杀人、强奸、抢劫、绑架、放火、爆炸、投放危险物质或者有组织的暴力性犯罪被判处10年以上有期徒刑、无期徒刑的犯罪分子，不得假释。也就是说，虽然法律规定了被判处有期徒刑、无期徒刑的犯罪分子可以适用假释，但并非所有的犯罪分子都可以适用，对于那些人身危险性较大，犯罪情节较为恶劣的罪犯，不得适用假释。可见，本案的何某犯了故意杀人罪且被判处了无期徒刑，因此不适用假释。

此外，法律规定非经法定程序不得假释。根据《刑法》第79

条、第 82 条的规定，对于犯罪嫌疑人假释的，由执行机关向中级以上人民法院提出假释建议书，人民法院应当组成合议庭进行审理，对符合假释条件的，裁定予以假释。

相关规定

《中华人民共和国刑法》

第八十一条 ……

对累犯以及因故意杀人、强奸、抢劫、绑架、放火、爆炸、投放危险物质或者有组织的暴力性犯罪被判处十年以上有期徒刑、无期徒刑的犯罪分子，不得假释。

……

第八十二条 对于犯罪分子的假释，依照本法第七十九条规定的程序进行。非经法定程序不得假释。

84. 被裁定假释的罪犯应当执行社区矫正的期限为多长时间？

典型案例

肖某因犯罪被判处无期徒刑附加剥夺政治权利终身。实际执行 11 年后，因其遵守监规，接受教育积极改造，多次被评为改造积极分子，无期徒刑减为有期徒刑 19 年，剥夺政治权利终身减为 7 年。又过了 4 年，肖某被裁定假释，在原居住地接受社区矫正。那么，肖某的矫正期限为多长时间？

依法解答

我国《刑法》第 83 条规定，有期徒刑的假释考验期限，为没有执行完毕的刑期；无期徒刑的假释考验期限为 10 年。假释考验期限,从假释之日起计算。

因此,被裁定假释的肖某,其社区矫正期就是《刑法》上的假释考验期。肖某被判处无期徒刑,11年后已减为有期徒刑19年,4年后获得假释,那么没有执行的刑期还有15年,即肖某的假释考验期是15年。

相关规定

《中华人民共和国刑法》

第七十九条 对于犯罪分子的减刑,由执行机关向中级以上人民法院提出减刑建议书。人民法院应当组成合议庭进行审理,对确有悔改或者立功事实的,裁定予以减刑。非经法定程序不得减刑。

第八十三条 有期徒刑的假释考验期限,为没有执行完毕的刑期;无期徒刑的假释考验期限为十年。

假释考验期限,从假释之日起计算。

85. 被裁定假释的社区矫正对象,应当遵守哪些规定?

典型案例

吴某因合同诈骗罪被判处有期徒刑5年,并处罚金6万元。目前,吴某已服刑3年多,按照法律规定,符合报请假释条件。服刑期间,吴某积极改造,利用自己的知识帮助他人,多次获得监狱的表彰奖励,并委托家人缴纳了法院判处的6万元罚金。那么,如果吴某被裁定假释,应当遵守哪些规定?

依法解答

根据《刑法》第84条规定,被宣告假释的犯罪分子,应当遵守下列规定：(1)遵守法律、行政法规，服从监督；(2)按照监督机关的规定报告自己的活动情况；(3)遵守监督机关关于会客的规定；(4)离开所居住的市、县或者迁居，应当报经监督机关批准。吴某如果获得假释，应当实行社区矫正，其间应当遵守上面的规定。

📢 **相关规定**

《中华人民共和国刑法》

第八十四条 被宣告假释的犯罪分子，应当遵守下列规定：

(一)遵守法律、行政法规，服从监督；

(二)按照监督机关的规定报告自己的活动情况；

(三)遵守监督机关关于会客的规定；

(四)离开所居住的市、县或者迁居，应当报经监督机关批准。

四、暂予监外执行

86. 适用暂予监外执行的条件是什么？

📢 **典型案例**

孙某与谢某经人介绍认识，不久便登记结婚。婚后，谢某染上了毒瘾，花光了所有积蓄，还借了很多的高利贷。孙某想与谢某离婚，但是谢某不同意并将其关起来，不允许其与外界联系。后孙某再也无法忍受，在一次与谢某争吵中，拿起水果刀将谢某杀死并主动投案。在执行收监时，司法工作人员发现孙某已经怀有3个多月身孕。那么，请问孙某的情况可以适用暂予监外执行吗？适用暂予监外执行需要哪些条件呢？

依法解答

暂予监外执行是我国一项重要的刑罚执行制度，体现了我国惩罚与改造相结合的人道主义刑事政策，有利于对罪犯的教育、感化和挽救。具体是指对于被判处有期徒刑或者拘役刑的罪犯，由于符合法定情形，决定暂不收监或者收监以后又决定改为暂时于监外服刑，由司法行政机关执行并由基层组织或者罪犯的原所在单位协助进行监督的刑罚执行制度。

《刑事诉讼法》第265条对暂予监外执行的适用条件作了明确规定，对被判处有期徒刑或者拘役的罪犯，有下列情形之一的，可以暂予监外执行：（1）有严重疾病需要保外就医的；（2）怀孕或者正在哺乳自己婴儿的妇女；（3）生活不能自理，适用暂予监外执行不致危害社会的。对被判处无期徒刑的罪犯，怀孕或者正在哺乳自己婴儿的，可以暂予监外执行。对适用保外就医可能有社会危险性的罪犯，或者自伤自残的罪犯，不得保外就医。对罪犯确有严重疾病，必须保外就医的，由省级人民政府指定的医院诊断并开具证明文件。

由此可知，本案中，孙某虽然因故意杀人罪被判处有期徒刑，但是在被收监时已经怀孕，符合适用暂予监外执行的条件，因此，孙某的情况可以适用暂予监外执行。

相关规定

《中华人民共和国刑事诉讼法》

第二百六十五条 对被判处有期徒刑或者拘役的罪犯，有下列情形之一的，可以暂予监外执行：

（一）有严重疾病需要保外就医的；

（二）怀孕或者正在哺乳自己婴儿的妇女；

（三）生活不能自理，适用暂予监外执行不致危害社会的。

对被判处无期徒刑的罪犯，有前款第二项规定情形的，可以暂予监外执行。

对适用保外就医可能有社会危险性的罪犯，或者自伤自残的罪犯，不得保外就医。

对罪犯确有严重疾病，必须保外就医的，由省级人民政府指定的医院诊断并开具证明文件。

在交付执行前，暂予监外执行由交付执行的人民法院决定；在交付执行后，暂予监外执行由监狱或者看守所提出书面意见，报省级以上监狱管理机关或者设区的市一级以上公安机关批准。

87. 被暂予监外执行的，在哪些情形下应予收监执行？

典型案例

齐某因盗窃罪被判处有期徒刑 5 年。服刑期间，齐某突感身体不适，经检查发现，齐某患有严重的心脏病，需要尽快做心脏手术。经过批准，齐某被暂予监外执行，进行保外就医。由于救治及时，齐某做完手术后，恢复得很好，并且经过一年半的休养，其主治医生说："齐某只需按时吃药，多休息，没有大的生命危险了。"那么，请问目前齐某已经恢复健康，没有生命危险了，而他的刑期还没有执行完毕，还应该对其予以收监执行吗？被暂予监外执行的，在哪些情况下应予收监执行？

依法解答

根据《刑事诉讼法》第 268 条的规定，对暂予监外执行的罪犯，有下列情形之一的，应当及时收监：（1）发现不符合暂予监外执行条件的；（2）严重违反有关暂予监外执行监督管理规定的；（3）暂予监外执行的情形消失后，罪犯刑期未满的。

由此可知，在上面的案例中，齐某经过治疗已经恢复健康，适用暂予监外执行的条件已经消失了，并且刑期还未满，应当予以收监执行。

相关规定

《中华人民共和国刑事诉讼法》

第二百六十八条　对暂予监外执行的罪犯，有下列情形之一的，应当及时收监：

（一）发现不符合暂予监外执行条件的；

……

五、正当防卫与紧急避险

88. 被迫自卫致人伤亡要负刑事责任吗？

典型案例

小刘今年20岁，父母都是商人，家庭条件很好。因小刘的父母很忙，很少陪他，他的性格因此变得孤僻、偏执。一次，小刘与父母发生争吵，觉得很委屈，便离家出走了。当天晚上，街头混混何某发现了睡在街头的小刘，得知他是富家子弟后将其绑架，希望大赚一笔。次日，小刘伺机逃跑，何某发现后对其施加暴力。小刘奋力反抗，其间，夺过何某手中的水果刀将其捅伤致死。请问：小刘被迫防卫致何某死亡，需要承担刑事责任吗？

依法解答

小刘的行为属于正当防卫，不必负刑事责任。正当防卫是国家赋予公民的一种面对危险时的防卫权。根据我国《刑法》第20条第1款、第2款的规定可知，正当防卫的适用条件为：（1）必须是在不法侵害发生时，才可以实施正当防卫。如果不法侵害还没开始，或是已经结束了，再实施防卫的，则不构成正当防卫。（2）防卫的对象只能是不法侵害的实行者，不能牵扯周围的人。（3）正当防卫必须基于防卫的主观意图，如果怀有其他目的，其行为就会被认定为不法侵害了。（4）正当防卫不能超过必要的限度，否则属于防卫过当，要负刑事责任。本案中，小刘被何某绑架，面对何某正在施加的暴力进行反击属于正当防卫。同时根据我国《刑法》第20条第3款的规定，对绑架者采取防卫行为造成其死亡的，不属于防卫过当。因此，案例中的小刘不属于防卫过当，不负刑事责任。

相关规定

《中华人民共和国刑法》

第二十条 为了使国家、公共利益、本人或者他人的人身、财产和其他权利免受正在进行的不法侵害，而采取的制止不法侵害的行为，对不法侵害人造成损害的，属于正当防卫，不负刑事责任。

正当防卫明显超过必要限度造成重大损害的，应当负刑事责任，但是应当减轻或者免除处罚。

对正在进行行凶、杀人、抢劫、强奸、绑架以及其他严重危及人身安全的暴力犯罪，采取防卫行为，造成不法侵害人伤亡的，不属于防卫过当，不负刑事责任。

89. 什么是无限防卫?

典型案例

赵某住在臧某的楼上。两人因日常琐事积怨已久。一天，臧某打电话给赵某说要去杀了他。赵某害怕，便打算先发制人。随后，赵某潜入臧某家中，臧某回家后还未回过神来就被赵某拿刀捅成重伤。事后，赵某认为自己构成正当防卫，且符合"无限防卫"的情形，因此不用负刑事责任。请问：赵某符合无限防卫吗？

依法解答

赵某不符合无限防卫，也不属于正当防卫，他反而会被判处刑罚。一般而言，正当防卫不能超过必要的限度，否则就需承担一定的刑事责任，但是法律规定了在特定情况下，受害人可以超过这种限度去实施防卫，即所谓的"无限防卫"。根据《刑法》第20条第3款的规定，对正在进行的行凶、杀人、抢劫、强奸、绑架以及其他严重危及人身安全的暴力行为采取正当防卫措施时，如果造成了不法侵害人伤亡，不属于防卫过当，不负刑事责任。需要明确的是，如果行为人不成立正当防卫，则无须考虑其是否属于无限防卫。此外，成立正当防卫需要符合一定的"时间条件"，即必须是在不法侵害发生时，才可以实施防卫。而本案中，赵某在不法侵害发生前即对臧某进行伤害，因不法侵害还未发生，所以赵某的行为不属于正当防卫，更不属于无限防卫。相反的是，赵某对杀害臧某具有故意的心理状态，将会被追究相应的刑事责任。

相关规定

《中华人民共和国刑法》

第二十条 为了使国家、公共利益、本人或者他人的人身、财产和其他权利免受正在进行的不法侵害，而采取的制止不法侵害的行为，对不法侵害人造成损害的，属于正当防卫，不负刑事责任。

正当防卫明显超过必要限度造成重大损害的，应当负刑事责任，但是应当减轻或者免除处罚。

对正在进行行凶、杀人、抢劫、强奸、绑架以及其他严重危及人身安全的暴力犯罪，采取防卫行为，造成不法侵害人伤亡的，不属于防卫过当，不负刑事责任。

90. 挑拨他人伤害自己而后进行防卫，是正当防卫吗？

典型案例

武某和刘某来自不同的城市，二人因学习武术而结缘。后来，二人拜一位武术大师为师，此后，就成了同门师兄弟。因武某悟性很高，所以深得师父的赏识。慢慢地，刘某觉得心理失衡，暗暗忌妒武某而且伺机报复。一次，刘某故意用言语激怒武某，口口声声说要"一决高下"，从而以"正当防卫"为由对武某进行伤害。武某中计后二人厮打起来，超乎武某预料的是刘某出手很重，导致自己身负重伤。请问：本案中，刘某挑拨武某伤害自己而后进行防卫，属于正当防卫吗？

依法解答

刘某不属于正当防卫，而符合防卫挑拨，已经构成犯罪。防卫挑拨，又称挑拨防卫，是指行为人出于侵害的目的，以故意挑衅、引诱等方法促使对方进行不法侵害，而后借口防卫加害对方的行为。可见，防卫挑拨是以"正当防卫"为由实施预谋已久的犯罪，其实质是有预谋的不法侵害。关于何谓"正当防卫"，我国《刑法》第 20 条第 1 款规定，为了使国家、公共利益、本人或者他人的人身、财产和其他权利免受正在进行的不法侵害，而采取的制止不法侵害的行为，对不法侵害人造成损害的，属于正当防卫，不负刑事责任。可以得知，构成正当防卫要求行为人具有防卫意图，而防卫挑拨区别于正当防卫的根本之处就在于行为人是否具有防卫意图。如果双方发生肢体冲突前，行为人已经具有了伤害对方的故意；行为人的主观心理状态并非为了制止对方的不法侵害，而是为了故意实施密谋已久的侵害对方的计划，则行为人不具有防卫意图，不属于正当防卫，而构成防卫挑拨。因防卫挑拨实为故意实施不法侵害，因此行为人会被认定为构成《刑法》第 232 条规定的故意杀人罪或者第 234 条规定的故意伤害罪。

结合本案，刘某对武某心存忌妒并伺机进行报复，于是刘某故意激怒武某，从而以"正当防卫"为由对武某实施伤害从而泄愤。可见，刘某不具备防卫的意图，而具有故意伤害或杀害武某的意图，构成防卫挑拨。司法机关将会根据刘某具有伤害的故意还是杀人的故意，对其进行定罪量刑。

📢 相关规定

《中华人民共和国刑法》

第二十条 为了使国家、公共利益、本人或者他人的人身、财产和其他权利免受正在进行的不法侵害，而采取的制止不法侵害的行为，对不法侵害人造成损害的，属于正当防卫，不负刑事责任。

……

第二百三十二条 故意杀人的，处死刑、无期徒刑或者十年以上有期徒刑；情节较轻的，处三年以上十年以下有期徒刑。

第二百三十四条 故意伤害他人身体的，处三年以下有期徒刑、拘役或者管制。

犯前款罪，致人重伤的，处三年以上十年以下有期徒刑；致人死亡或者以特别残忍手段致人重伤造成严重残疾的，处十年以上有期徒刑、无期徒刑或者死刑。本法另有规定的，依照规定。

91. 打架斗殴中的反击行为是正当防卫吗？

典型案例

张某因工作矛盾与王某结怨，并且经常与王某对着干。一天，张某约王某见面，还组织了一帮兄弟助阵。王某见势不妙，随即打电话叫来了自己的几个朋友。双方僵持不下，打成了一团。其间，王某被张某打伤，之后便跪地求饶。但是张某毫不留情，又打了几下，王某即使奋力反击也无济于事，最终经鉴定构成轻伤。请问：王某跪地求饶后的反击行为，属于正当防卫吗？

依法解答

一般而言，打架斗殴中的反击行为不成立正当防卫，但本案中王某跪地求饶后的反击行为，属于正当防卫。打架斗殴属于相互的非法侵害行为，是指双方都有侵害对方的非法意图和非法损害对方利益的行为及相应结果。我国《刑法》第20条对何谓"正当防卫"作出了规定，其中明确指出防卫者需要以制止不法侵害的继续进行为意图。一般情况下，因打架斗殴者不存在正当防卫的意图，反而皆抱有伤害他人的故意，所以打架斗殴者不属于正当防卫。因打架斗殴致人轻伤、重伤或死亡的，构成刑事犯罪，将会以故意伤害罪或故意杀人罪定罪处罚。

但是，根据《最高人民法院、最高人民检察院、公安部关于依法适用正当防卫制度的指导意见》第9条的规定，存在两种例外情形：第一，打架斗殴中的一方已经努力避免冲突，例如求饶、逃跑或宣布不再斗殴。如果另一方继续实施不法侵害的，那么避免冲突一方的反击则属于正当防卫。第二，当斗殴已经结束后，一方突然再次实施侵害，另一方的反击行为成立正当防卫。此时，无论反击一方是否使用工具，也无论该工具是否为提前准备，都不影响正当防卫的成立。本案中，张某与王某双方打架斗殴，均抱有故意伤害对方的故意，所以在初期任何一方的反击行为都不属于正当防卫。斗殴期间，王某跪地求饶，张某仍然无动于衷，继续对王某施加伤害，此时王某反击行为的性质发生转变，自此开始具备制止不法侵害的意图，其所进行的反击行为构成正当防卫。

📢 相关规定

《中华人民共和国刑法》

第二十条 为了使国家、公共利益、本人或者他人的人身、财产和其他权利免受正在进行的不法侵害，而采取的制止不法侵害的行为，对不法侵害人造成损害的，属于正当防卫，不负刑事责任。

正当防卫明显超过必要限度造成重大损害的，应当负刑事责任，但是应当减轻或者免除处罚。

对正在进行行凶、杀人、抢劫、强奸、绑架以及其他严重危及人身安全的暴力犯罪，采取防卫行为，造成不法侵害人伤亡的，不属于防卫过当，不负刑事责任。

《最高人民法院、最高人民检察院、公安部关于依法适用正当防卫制度的指导意见》

9. 准确界分防卫行为与相互斗殴。防卫行为与相互斗殴具有外观上的相似性，准确区分两者要坚持主客观相统一原则，通过综合考量案发起因、对冲突升级是否有过错、是否使用或者准备使用凶器、是否采用明显不相当的暴力、是否纠集他人参与打斗等客观情节，准确判断行为人的主观意图和行为性质。

因琐事发生争执，双方均不能保持克制而引发打斗，对于有过错的一方先动手且手段明显过激，或者一方先动手，在对方努力避免冲突的情况下仍继续侵害的，还击一方的行为一般应当认定为防卫行为。

双方因琐事发生冲突，冲突结束后，一方又实施不法侵害，对方还击，包括使用工具还击的，一般应当认定为防卫行为。不能仅因行为人事先进行防卫准备，就影响对其防卫意图的认定。

92. 为保护非法利益而进行的防卫是正当防卫吗？

📣 典型案例

郝某潜入一座豪宅，意欲盗窃，在进入卧室后，顺利窃得金银首饰及现金3万元。当郝某翻墙逃离时被豪宅主人发现，豪宅主人随即拿起手边的棍棒追赶郝某。无奈之下，郝某拿出随身携带的管制刀具对豪宅主人施加威胁，豪宅主人这才放弃了追赶行为。不久后，郝某就被公安机关控制，郝某辩解道：豪宅主人当时拿起棍棒对自己进行追赶，自己无奈之下才拿出刀子进行威胁，属于正当防卫。请问：郝某为保护盗窃所得的赃物而进行的防卫是正当防卫吗？

📢 依法解答

郝某不属于正当防卫,因为为保护非法利益而进行的防卫缺乏正当性。我国《刑法》第 20 条第 1 款规定,为了使国家、公共利益、本人或者他人的人身、财产和其他权利免受正在进行的不法侵害,而采取的制止不法侵害的行为,对不法侵害人造成损害的,属于正当防卫,不负刑事责任。可见,在正当防卫中,防卫者所保护的利益为国家利益、公共利益、本人或他人人身及财产等权利。在我国,非法利益不受法律保护,因此,为保护非法利益所进行的反击行为也不成立正当防卫。实际上,根据《刑法》第 269 条以及第 263 条的规定,不法者如果为了保护盗窃所得的赃物而抗拒抓捕,当场对受害人使用暴力或以暴力相威胁的,将构成转化型抢劫,会被追究抢劫罪的刑事责任。

本案中,郝某为了保护赃物而对豪宅主人的追赶行为进行反击,不仅不成立正当防卫,还会被以抢劫罪追究相应的刑事责任。

📢 相关规定

《中华人民共和国刑法》

第二十条 为了使国家、公共利益、本人或者他人的人身、财产和其他权利免受正在进行的不法侵害,而采取的制止不法侵害的行为,对不法侵害人造成损害的,属于正当防卫,不负刑事责任。

……

第二百六十三条 以暴力、胁迫或者其他方法抢劫公私财物的,处三年以上十年以下有期徒刑,并处罚金;有下列情形之一的,处十年以上有期徒刑、无期徒刑或者死刑,并处罚金或者没收财产:

(一)入户抢劫的;

（二）在公共交通工具上抢劫的；
（三）抢劫银行或者其他金融机构的；
（四）多次抢劫或者抢劫数额巨大的；
（五）抢劫致人重伤、死亡的；
（六）冒充军警人员抢劫的；
（七）持枪抢劫的；
（八）抢劫军用物资或者抢险、救灾、救济物资的。

第二百六十九条 犯盗窃、诈骗、抢夺罪，为窝藏赃物、抗拒抓捕或者毁灭罪证而当场使用暴力或者以暴力相威胁的，依照本法第二百六十三条的规定定罪处罚。

93. 紧急避险要负刑事责任吗？

典型案例

周某平时工作比较劳累，今年夏天，他驾车来到草原旅游放松心情。游玩的第一天，周某驾车行驶在大草原上，因没有休息好，误将道路前方蹲着的牧民看成一只羊。当他发现是牧民时已经来不及刹车，情急之下，拐弯撞上了其他牧民的帐篷。事故导致该牧民的帐篷严重毁损，受害牧民认为周某涉嫌故意毁坏财物罪，要求公安机关介入调查。但周某认为自己的行为构成紧急避险，因此无须承担刑事责任。请问：周某是否属于紧急避险？紧急避险是否需要负刑事责任？

依法解答

周某的行为构成紧急避险，无须负刑事责任。根据《刑法》第21条的规定，为了使国家、公共利益、本人或者他人的人身、财产和其他权利免受正在发生的危险,不得已采取的紧急避险行为,造成损害的,不负刑事责任。可见,紧急避险指的是法律所保护的权益受到危险,同时这种危险无法排除,在不得已的情况下采取的损害另一较小的合法权益从而保全较大的合法权益的情形。紧急避险是国家对个人、他人、国家及社会的利益采取保护行为的一种授权。经过这种授权,公民可以根据情况的紧急程度,决定采取何种措施来保护需要保护的利益。但是,这种权利的行使是难以控制的,因为每个人对于情况紧急程度的判断标准都是不一样的,并且无法行之有效地统一起来。这就使对紧急避险情节的认定变得更为复杂,需要结合个案的情况灵活加以认定。本案中,周某为了避免牧民受伤的结果,转弯导致了其他牧民的帐篷被毁损,属于"为了保全较大的人身利益而损害较小的财产利益",因此,周某的行为属于紧急避险,无须承担刑事责任,但对于造成的损失应当予以赔偿。

相关规定

《中华人民共和国刑法》

第二十一条　为了使国家、公共利益、本人或者他人的人身、财产和其他权利免受正在发生的危险,不得已采取的紧急避险行为,造成损害的,不负刑事责任。

紧急避险超过必要限度造成不应有的损害的,应当负刑事责任,但是应当减轻或者免除处罚。

第一款中关于避免本人危险的规定,不适用于职务上、业务上负有特定责任的人。

六、未完成的犯罪

94. 什么是犯罪预备行为？犯罪预备会受处罚吗？

典型案例

胡某性格强硬，经常与女朋友发生争吵，两人最终因此分手。分手后，胡某的女朋友随即和高某谈恋爱，这让胡某特别气愤。为了报复高某，胡某去五金店买了菜刀，还准备了绳索等工具。胡某通过几天的观察发现高某会于每晚7点出现在图书馆，于是准备好工具后就埋伏在高某去图书馆的必经之路上。胡某在等待高某的过程中，意识到自己可能会因意气用事导致犯罪，便放弃了报复的念头。请问：胡某的行为是否构成犯罪预备？他会受到处罚吗？

依法解答

本案的胡某属于犯罪预备，且构成犯罪预备阶段的中止。根据《刑法》第22条第1款的规定，犯罪预备行为是指行为人为了犯罪准备工具或者制造条件。可见，犯罪预备行为可以分为两类：（1）为实施犯罪准备犯罪工具的行为，包括制造犯罪工具、寻求犯罪工具以及加工犯罪工具使之适合犯罪的需要。（2）为实施犯罪制造条件的行为，如事先察看犯罪现场、打探被害人行踪、选择犯罪时机、寻找犯罪同伙等。

关于预备犯的处罚问题，根据《刑法》第22条第2款的规定可知，预备犯可以比照既遂犯从轻、减轻处罚或者免除处罚。本案中，胡某在实施具体的犯罪行为前突然醒悟，自愿中止了犯罪行为，因此属于预备犯，且构成犯罪预备阶段的中止。胡某将会被从轻、减轻处罚或被免除处罚。

相关规定

《中华人民共和国刑法》

第二十二条　为了犯罪，准备工具、制造条件的，是犯罪预备。

对于预备犯，可以比照既遂犯从轻、减轻处罚或者免除处罚。

95. 什么是犯罪未遂？犯罪未遂会受处罚吗？

典型案例

廖某是一位开锁师傅，因生意不景气，他起了偷盗的念头。一天，廖某按照既定的计划进入一户人家盗窃。撬锁时，他听到房间门锁被拧动了，因为害怕被扭送到公安局，廖某便跳窗而逃。但实际上并没有人打开门锁，是他因精神高度紧张产生了幻觉。请问，廖某是否构成犯罪未遂？他会被处罚吗？

依法解答

廖某构成犯罪未遂，他会受到相应的处罚。根据《刑法》第23条第1款的规定可知，犯罪未遂是指行为人已经着手实行具体的犯罪行为，由于其意志以外的原因而未能得逞的一种犯罪停止形态。犯罪未遂形态具有三个特征：（1）犯罪未遂的前提条件是行为人已经着手实行符合犯罪构成要件的犯罪行为。此时，行为人已经与受害人接触，行为人的行为将直接导致犯罪结果的实现，如拿刀对准被害人，举枪瞄准被害人等。（2）从犯罪形态上看，犯罪没有得逞即告终止。（3）从主观方面看，犯罪停止在未完成形态是由于犯罪分子意志以外的原因所致,换言之,犯罪分子非自愿地被迫终止犯罪行为。具体而言,意志以外的原因分为两方面:一是犯罪分子自身的原因导致其无法继续实施犯罪,如犯罪分子的能力不足;二是犯罪分子以外的原因导致犯罪行为无法继续,如被害人的反击、第三者的介入等。

根据《刑法》第 23 条第 2 款的规定,未遂犯可以比照既遂犯从轻或者减轻处罚。本案的廖某在撬锁过程中,听到房间门锁被拧动,害怕被扭送到公安局,从而导致其不能顺利地实现盗窃的目的便仓皇逃走。可见,廖某在着手实施犯罪的过程中出现了意外因素导致其被迫终止了犯罪,所以廖某构成犯罪未遂,可能会被从轻或减轻处罚。

相关规定

《中华人民共和国刑法》

第二十三条 已经着手实行犯罪,由于犯罪分子意志以外的原因而未得逞的,是犯罪未遂。

对于未遂犯,可以比照既遂犯从轻或者减轻处罚。

96. 什么是犯罪中止?犯罪中止能免予处罚吗?

典型案例

贺某和丈夫结婚前,丈夫对她很温柔,结婚后不久,丈夫的粗暴性格就暴露无遗了。贺某和丈夫经常发生争吵,并因此觉得苦不堪言。久而久之,贺某心生怨恨。为了发泄不满情绪,她打算在饭菜里下毒将丈夫毒死。这天一切准备就绪后,丈夫竟然对贺某格外好,并表示会下定决心改掉坏脾气。贺某顿时心软后悔,可丈夫吃下了有毒的饭菜，已经毒发。贺某连忙将丈夫送往医院，但丈夫依然不治身亡。请问，贺某将丈夫送往医院的行为是否符合犯罪中止？她会被免予处罚吗？

依法解答

贺某的后悔行为不构成犯罪中止，她将会面临处罚。根据我国《刑法》第24条第1款的规定可知，犯罪中止是指在犯罪过程中，犯罪分子自动放弃犯罪或者自动有效地防止犯罪结果发生的犯罪行为。犯罪中止的基本特征是：(1)中止的时间性，即必须是在犯罪过程中自动放弃犯罪或有效地防止犯罪结果的发生。(2)中止的自动性，即必须是自动地放弃犯罪或自动地防止结果的发生。(3)中止的有效性，即中止犯罪必须是彻底的而不是暂时的，即犯罪分子决心不再继续进行已经放弃的犯罪。(4)行为人在客观上实施了中止犯罪的行为，中止行为成立的前提是犯罪结果不再发生。中止行为可以以作为的方式作出，也可以以不作为的方式作出，但是中止行为必须是能够使正在进行的犯罪中断的行为。

对于中止犯，我国《刑法》第24条第2款规定，对于没有造成损害的中止犯，应当免除处罚；造成损害的，应当减轻处罚。可见，只有未造成损害结果的中止犯才会被免予处罚。本案中，贺某虽然后悔并将中毒的丈夫送往医院，但是丈夫依然因为中毒而不治身亡。也就是说，贺某虽打算自愿放弃犯罪行为，但是她在客观上并没有有效地防止犯罪结果的发生，因此，她不符合犯罪中止，仍会被追究刑事责任。

相关规定

《中华人民共和国刑法》

第二十四条 在犯罪过程中，自动放弃犯罪或者自动有效地防止犯罪结果发生的，是犯罪中止。

对于中止犯，没有造成损害的，应当免除处罚；造成损害的，应当减轻处罚。

七、犯罪之后及时挽救

97. 犯罪后的追诉时效是多长时间？

典型案例

邵某不务正业，陆陆续续盗窃了某小区的多辆轿车。他的作案方式是盗窃得手后，便将轿车开到郊区的汽车维修店进行维修保养，同时称自己需要出差，数月后才能前来取车，之后便来到偏远山区逃避公安机关的抓捕，打算风声过了后再回去销赃。不料，公安机关通过监控查到了被盗车辆的运行轨迹，存放被盗轿车的汽车维修店被一一锁定。公安机关通过询问维修店工作人员，获取了邵某的相关信息。请问，邵某犯罪后在多长时间内仍然会被追诉？

依法解答

根据我国《刑法》第 87 条的规定可知，犯罪行为的追究是有时效限制的，称为追诉期限。简单地说，就是犯罪嫌疑人在实施犯罪之后逃跑了，只要是在追诉期限内，就仍然会被追究相应的刑事责任。

但也有例外的情况，即如果有必须追诉的理由，人民检察院也核准了，则即使过了追诉时效，也要追究其刑事责任。《刑法》第 88 条规定了不受追诉时效限制的两种例外情况：一是人民检察院、公安机关、国家安全机关立案侦查或者在人民法院受理案例以后，仍然逃避侦查或者审判的，不受追诉期限的限制。二是被害人在追诉期限内提出控告，人民法院、人民检察院或公安机关应当立案而不予立案的，不受追诉期限的限制。

对于本案而言，盗窃罪的最高法定刑为无期徒刑，其追诉时效为20年，也就是说，邵某在20年内都会受到追诉。

相关规定

《中华人民共和国刑法》

第八十七条 犯罪经过下列期限不再追诉：

（一）法定最高刑为不满五年有期徒刑的，经过五年；

（二）法定最高刑为五年以上不满十年有期徒刑的，经过十年；

（三）法定最高刑为十年以上有期徒刑的，经过十五年；

（四）法定最高刑为无期徒刑、死刑的，经过二十年。如果二十年以后认为必须追诉的，须报请最高人民检察院核准。

第八十八条 在人民检察院、公安机关、国家安全机关立案侦查或者在人民法院受理案件以后，逃避侦查或者审判的，不受追诉期限的限制。

被害人在追诉期限内提出控告，人民法院、人民检察院、公安机关应当立案而不予立案的，不受追诉期限的限制。

98. 犯罪后主动投案会减轻处罚吗？

典型案例

宋某与朱某素有仇怨。某日，两人在街上相遇，朱某当众对宋某冷嘲热讽，让宋某颜面尽失。宋某回想起自己以前与朱某的仇怨，顿时心生怨恨。他随即从街边的商店买了一把水果刀并尾随朱某回家,在朱某开门的时候,宋某突然冲上前去将其捅伤,后仓皇逃跑。宋某回家后坐立不安,他考虑再三觉得自己难逃法网,于是来到公安机关自首并如实陈述了自己的罪行,希望获得宽大处理。请问,宋某符合自首的条件吗?犯罪后主动投案会被减轻处罚吗?

依法解答

宋某犯罪后主动投案符合自首的条件。我国《刑法》第67条第1款规定,犯罪以后主动投案如实供述自己罪行的,是自首。对于自首,可以从轻或减轻处罚。对于犯罪较轻的,可以免除处罚。自首需要注意以下三个问题:第一,自首不仅包括向公安机关、法院和检察院自首,向所在单位、城乡基层组织以及单位的有关负责人说明自己的犯罪事实的,也属于自首。第二,从时间上看,自首的时间既可以在司法机关发现其犯罪事实之前,也可以在发现其犯罪事实之后,但是必须是犯罪分子自动投案。自动投案说明犯罪分子已经悔悟,证明其主观恶性较小。司法实践中,犯罪嫌疑人在犯罪后正在投案途中而被公安机关抓获或者在家人、亲友的劝说下去投案的,也应认定为自首。第三,自首的本质在于犯罪分子如实供述自己实施的罪行,虚假供述不成立自首,供述其他同案犯的罪行也不属于自首。

本案中,宋某捅伤朱某后诚心悔过,主动向公安机关如实陈述自己的犯罪事实,符合自首的条件,他可能被从轻处罚或者减轻处罚。

相关规定

《中华人民共和国刑法》

第六十七条 犯罪以后自动投案,如实供述自己的罪行的,是自首。对于自首的犯罪分子,可以从轻或者减轻处罚。其中,犯罪较轻的，可以免除处罚。

被采取强制措施的犯罪嫌疑人、被告人和正在服刑的罪犯，如实供述司法机关还未掌握的本人其他罪行的，以自首论。

犯罪嫌疑人虽不具有前两款规定的自首情节，但是如实供述自己罪行的，可以从轻处罚；因其如实供述自己罪行，避免特别严重后果发生的，可以减轻处罚。

99. 被公安机关控制后如实交代自己的罪行，还可以成立自首吗？

典型案例

郭某很懒惰，总是希望不劳而获。为了赚钱，他决定实施抢劫。于是，郭某携带了水果刀埋伏在 ATM 机附近，不一会儿就锁定了目标并对其实施了抢劫。没过几天，郭某就因涉嫌抢劫罪被公安机关抓获。为了争取宽大处理，郭某如实交代了自己的罪行，还供述出自己一年前曾盗窃的事实。请问，郭某被公安机关控制后，还可以成立自首吗？

依法解答

被公安机关控制后，仍可以成立自首，本案的郭某在抢劫一罪上不成立自首，在盗窃一罪上成立自首。我国《刑法》第 67 条第 2 款规定，被采取强制措施的犯罪嫌疑人、被告人和正在服刑的罪犯，如实供述司法机关尚未掌握的本人其他罪行的，以自首论。

此外，《最高人民法院关于处理自首和立功具体应用法律若干问题的解释》第 2 条明确指出《刑法》第 67 条第 2 款规定的自首，指的是如实供述司法机关尚未掌握的罪行，与司法机关已掌握的或者判决确定的罪行属"不同种罪行"的犯罪事实。该解释第4条还将如实供述司法机关尚未掌握的罪行，与司法机关已掌握的或者判决确定的罪行属"同种罪行"的犯罪事实也规定为自首。

本案中，郭某抢劫的事实已经被公安机关掌握，因此他被公安机关采取了强制措施。之后，郭某承认了抢劫的事实，但并未供述新的犯罪事实，因此不构成自首。此后，他如实交代了公安机关未掌握的盗窃事实，符合《刑法》第67条第2款的规定。因此，关于盗窃一罪，他符合自首的条件。

相关规定

《中华人民共和国刑法》

第六十七条 ……

被采取强制措施的犯罪嫌疑人、被告人和正在服刑的罪犯，如实供述司法机关还未掌握的本人其他罪行的，以自首论。

……

《最高人民法院关于处理自首和立功具体应用法律若干问题的解释》

第二条 根据刑法第六十七条第二款的规定，被采取强制措施的犯罪嫌疑人、被告人和已宣判的罪犯，如实供述司法机关尚未掌握的罪行，与司法机关已掌握的或者判决确定的罪行属不同种罪行的，以自首论。

第四条 被采取强制措施的犯罪嫌疑人、被告人和已宣判的罪犯，如实供述司法机关尚未掌握的罪行，与司法机关已掌握的或者判决确定的罪行属同种罪行的，可以酌情从轻处罚；如实供述的同种罪行较重的，一般应当从轻处罚。

100. 立功可以免除处罚吗？

典型案例

司某组织了一伙人实施拐卖妇女、儿童的违法活动，危害一方。连某是司某的手下，平日里负责联络买家。后来，连某在家人苦口婆心的劝说下来到公安机关自首。公安机关为了提高办案效率，于是告知连某若其愿意回到犯罪集团内协助司法机关抓捕主犯，他将会被免予处罚。连某听取了公安机关的建议。在连某的帮助下，公安机关将犯罪集团一网打尽。事后，连某要求公安机关兑现事前免予处罚的承诺。请问，连某立功，他会被免除处罚吗？

依法解答

立功是指犯罪分子揭发他人犯罪行为查证属实的，或者提供重要线索从而得以侦破其他案例等情况的行为。根据我国《刑法》第68条的规定，立功有一般立功与重大立功之分。《最高人民法院关于处理自首和立功具体应用法律若干问题的解释》第5条规定了一般立功的主要形式：揭发他人犯罪行为且查证属实的；提供重要线索，使司法机关得以侦破其他案件的；协助司法机关抓捕其他犯罪嫌疑人的；在押期间制止他人犯罪活动的；等等。该解释第7条规定了重大立功的主要形式：揭发他人重大犯罪行为，且查证属实的；提供重要线索，使司法机关得以侦破其他重大案件的；在押期间阻止他人重大犯罪活动的；协助司法机关抓捕其他重大犯罪嫌疑人的；其他有利于国家和社会的突出表现或重大贡献等。连某如果符合重大立功的条件，他可能会被免除处罚。

根据《刑法》第68条的规定，对于立功者应分别根据以下不同情况从宽处罚：(1) 一般立功的，可以从轻或者减轻处罚；(2) 重大立功的，可以减轻或者免除处罚。可见，只有符合重大立功条件的，才可能会被免除处罚。本案中，连某改邪归正，协助公安机关顺利捣毁犯罪团伙，符合重大立功中"协助司法机关抓捕其他重大犯罪嫌疑人"的情形。因此，他可能被减轻处罚，也可能被免除刑罚。

相关规定

《中华人民共和国刑法》

第六十八条 犯罪分子有揭发他人犯罪行为，查证属实的，或者提供重要线索，从而得以侦破其他案件等立功表现的，可以从轻或者减轻处罚；有重大立功表现的，可以减轻或者免除处罚。

《最高人民法院关于处理自首和立功具体应用法律若干问题的解释》

第七条 根据刑法第六十八条第一款的规定，犯罪分子有检举、揭发他人重大犯罪行为，经查证属实；提供侦破其他重大案件的重要线索，经查证属实；阻止他人重大犯罪活动；协助司法机关抓捕其他重大犯罪嫌疑人（包括同案犯）；对国家和社会有其他重大贡献等表现的，应当认定为有重大立功表现。

……

101. 犯罪分子需要对其造成的损害负担民事赔偿责任吗？

典型案例

郊某是一个古玩爱好者，收藏了很多古董。一次，朋友安某来做客，看中了郊某收藏的一尊玉佛，提出可以出高价购买该玉佛，但被郊某拒绝。安某趁郊某不在客厅时偷偷将玉佛放入自己的包内带走。安某离开后,郏某发现该玉佛丢失,便报案并称怀疑是安某偷走了玉佛。当安某被司法机关控制时,他已经将玉佛以50万元的高价出售。最终,安某因涉嫌盗窃罪被判刑。请问,安某盗窃了郏某的玉佛,是否需要向郏某赔偿由此造成的经济损失?

依法解答

安某需要赔偿自己造成的经济损失。根据《刑法》第36条的规定,犯罪分子实施犯罪后,除了会受到相应的刑事处罚外,还需赔偿被害人因其犯罪活动遭受的经济损失。如果犯罪分子被判处罚金、没收财产等财产刑的同时还被判令进行民事赔偿,则遵循"先民后刑"原则,即在支付了民事赔偿以后才执行刑事处罚。一般情况下,受害人在向法院提起诉讼时,可以要求附带民事赔偿。本案中,安某犯盗窃罪,给受害者郏某造成了较大的经济损失,在承担相应刑罚的同时,还要对郏某进行赔偿。

相关规定

《中华人民共和国刑法》

第三十六条 由于犯罪行为而使被害人遭受经济损失的,对犯罪分子除依法给予刑事处罚外,并应根据情况判处赔偿经济损失。

承担民事赔偿责任的犯罪分子,同时被判处罚金,其财产不足以全部支付的,或者被判处没收财产的,应当先承担对被害人的民事赔偿责任。

102. 罪犯交不起罚金,应该怎么办?

典型案例

曹某从小就失去双亲,唯一的亲人就是他的奶奶。曹某长大后，奶奶生病的次数越来越多。为了给奶奶看病，曹某做了多份兼职工作，但是奶奶高额的医药费仍然压得他喘不过气来。为了减轻自己的负担，曹某无奈之下实施了盗窃。受害人报案后，曹某很快被抓获。经过法院审判，他因涉嫌盗窃罪被判处2年有期徒刑，并处2万元罚金。判决生效后，很快就到了缴纳罚金的期限，但曹某仍然拿不出钱来，因为他所有的钱都用来给奶奶看病了。请问，曹某实在交不起罚金，他该怎么办？

依法解答

罚金是一种强制犯罪行为人向国家缴纳一定数额金钱的刑罚方法。根据《刑法》第53条以及相关的法律规定可知，罚金的缴纳分为以下几种情况：一是限期一次缴纳，犯罪分子需在判决指定的期限内一次缴纳罚金；二是限期分期缴纳，犯罪分子需在判决指定的期限内分期缴纳罚金；三是强制缴纳，遇到犯罪分子期满不缴纳的情形的，可以对其拥有的合法财产采取查封、扣押、冻结、拍卖、变卖等强制措施，再用所得的钱款折抵罚金；四是随时追缴，对于不能全部缴纳罚金的，人民法院在任何时候发现被执行人有可以执行的财产，应当随时追缴；五是减少或者免除缴纳，由于犯罪分子遭遇不能抗拒的灾祸等原因导致难以缴纳罚金的，经法院裁定，可以延期缴纳、酌情减少或者予以免除。《最高人民法院关于适用财产刑若干问题的规定》第6条第1款对"由于遭遇不能抗拒的灾祸缴纳确实有困难的"情形进行了列举，如遭受火灾、水灾、地震等灾祸而丧失财产；罪犯因重病、伤残等而丧失劳动能力，或者需要罪犯抚养的近亲属患有重病，需支付巨额医药费等，确实没有财产可供执行。

此外，需要明确的是，即使遇到犯罪分子实在交不起罚金的情况，罚金的执行范围也只能是强制缴纳犯罪分子个人所有的金钱，而不能执行其家庭财产。

如果犯罪分子符合以上"缴纳确实有困难"的情形,则可以由罪犯本人、亲属或者罪犯单位向负责执行的法院提出减少或者免除罚金的书面申请,并提供相应的证明材料。法院审查以后将根据实际情况,作出减少或者免除应缴罚金的裁定。本案中,奶奶是曹某唯一的亲人,他必须给奶奶支付高额医药费,符合该《规定》中列举的"需要罪犯抚养的近亲属患有重病,需支付巨额医药费"的情形,因此,曹某可以向法院提出减少或免除罚金刑的书面申请。

相关规定

《中华人民共和国刑法》

第五十三条 罚金在判决指定的期限内一次或者分期缴纳。期满不缴纳的,强制缴纳。对于不能全部缴纳罚金的,人民法院在任何时候发现被执行人有可以执行的财产,应当随时追缴。

由于遭遇不能抗拒的灾祸等原因缴纳确实有困难的,经人民法院裁定,可以延期缴纳、酌情减少或者免除。

《最高人民法院关于适用财产刑若干问题的规定》

第六条 刑法第五十三条规定的"由于遭遇不能抗拒的灾祸缴纳确实有困难的",主要是指因遭受火灾、水灾、地震等灾祸而丧失财产;罪犯因重病、伤残等而丧失劳动能力,或者需要罪犯抚养的近亲属患有重病,需支付巨额医药费等,确实没有财产可供执行的情形。

具有刑法第五十三条规定"可以酌情减少或免除"事由的,由罪犯本人、亲属或者犯罪单位向负责执行的人民法院提出书面申请,并提供相应的证明材料。人民法院审查以后,根据实际情况,裁定减少或者免除应当缴纳的罚金数额。

八、对一些可能构成犯罪的行为的确认

103. 公民持有假币，构成犯罪吗？

典型案例

顾某是一个卖菜的小商贩，平日总是和现金打交道，他能够做到既快速又准确地分辨出真币与假币。前不久，他却"失手"了，无意间收了一张假的百元钞票。他很郁闷，但是早已无法找到递给他假币的人了。于是，顾某把假币放在家中的餐桌上，时刻提醒自己不能再收取假币了。张某来到顾某家中做客时看到了这张假钞，开玩笑地说，我国法律规定了公民不得持有假币，否则就是犯法了。请问，持有假币就必定会构成犯罪吗？

依法解答

公民持有假币，不一定会构成犯罪，本案中的顾某不构成犯罪。根据我国《刑法》第172条的规定可知，构成持有假币罪必须达到"数额较大"的程度，才会构成犯罪。持有假币罪侵犯的客体是国家的货币流通管理制度，因此，持有假币情节轻微，不足以对国家的货币流通产生恶劣影响的，不构成犯罪。假币的制作与流通对社会主义市场经济的正常发展有很大的破坏作用，如果放任不管，会造成非常严重的后果。

本案中的顾某误收了一张假的百元钞票，他也没有将假币重新放到市场上流通，而仅仅是放在家里以警醒自己，不会对他人和社会造成影响。因此，顾某的行为不构成犯罪。

相关规定

《中华人民共和国刑法》

第一百七十二条 明知是伪造的货币而持有、使用,数额较大的,处三年以下有期徒刑或者拘役,并处或者单处一万元以上十万元以下罚金;数额巨大的,处三年以上十年以下有期徒刑,并处二万元以上二十万元以下罚金;数额特别巨大的,处十年以上有期徒刑,并处五万元以上五十万元以下罚金或者没收财产。

104. 强买强卖商品,会触犯刑法吗?

典型案例

姜某逛街时发现一家店铺正在卖瘦身器材,数台甩脂机放在门前供顾客体验。当姜某体验甩脂机时,机器突然无法正常工作。店主发现后将姜某扣留,称机器是被他毁坏的,他必须买下此甩脂机。姜某满肚子的委屈,拒绝购买,并称机器突然不能正常工作同样出乎自己的意料。双方僵持不下,店主叫来多位员工共同对姜某施加压力。其间,店主还以暴力相威胁,姜某仍不服,店主便对姜某拳打脚踢致其轻伤。姜某无奈之下买下此甩脂机,离开店铺后便立即报警。请问,本案的店主强买强卖商品,是否触犯了刑法?

依法解答

本案的店主强买强卖商品,情节严重,已经触犯了《刑法》中规定的强迫交易罪。根据《刑法》第226条的规定,强迫交易罪是指以暴力、威胁手段强买强卖商品、强迫他人提供服务或者强迫他人接受服务且情节严重的行为。此外,《治安管理处罚法》第46条也对强买强卖商品,强迫他人提供服务或者强迫他人接受服务的违法行为作出禁止性的规定。因此,强买强卖如果造成了极为严重的后果,就构成强迫交易罪;如果情节比较轻微,就依据《治安管理处罚法》给予相应的行政处罚。市场经济的一般原则是:自愿、平等、公平、诚实信用。其中,自愿原则是最基本的原则,是市场得以正常运转的最本质的体现。强买强卖明显地破坏了自由、平等的社会主义市场经济秩序。对于这样的违法行为,要严厉地制裁,以保证市场经济能够健康、平稳地向前发展。本案中,店主强迫姜某购买不能正常运转的甩脂机,并对姜某施加暴力导致其轻伤的后果,情节比较严重,符合《刑法》中规定的强迫交易罪。

相关规定

《中华人民共和国刑法》

第二百二十六条 以暴力、威胁手段,实施下列行为之一,情节严重的,处三年以下有期徒刑或者拘役,并处或者单处罚金;情节特别严重的,处三年以上七年以下有期徒刑,并处罚金:

(一) 强买强卖商品的;

(二) 强迫他人提供或者接受服务的;

(三) 强迫他人参与或者退出投标、拍卖的;

(四) 强迫他人转让或者收购公司、企业的股份、债券或者其他资产的;

(五) 强迫他人参与或者退出特定的经营活动的。

《中华人民共和国治安管理处罚法》

第四十六条 强买强卖商品,强迫他人提供服务或者强迫他人接受服务的,处五日以上十日以下拘留,并处二百元以上五百元以下罚款;情节较轻的,处五日以下拘留或者五百元以下罚款。

105. 债权人多次讨债未果而拘禁债务人，是否构成犯罪？

典型案例

两年前，吴某为做生意向齐某借了10万元，约定一年后还钱。一年后，吴某做生意赚了钱，但是到了约定的还款期限却迟迟不肯还钱，齐某催要，吴某均以资金周转不开为由搪塞。一气之下，齐某约吴某出来吃饭，并趁机将其灌醉，然后将他绑起来拘禁在一处废弃的屋子里，逼其还钱。在拘禁期间，由于吴某一直反抗，齐某对其进行了殴打。那么，齐某为了逼债而拘禁殴打债务人的行为构成犯罪吗？

依法解答

齐某的行为已经构成非法拘禁罪。非法拘禁罪，是指以拘押、禁闭或者其他强制方法，非法剥夺他人人身自由的行为。拘禁，是指关押、禁闭，使他人失去人身自由，因此本罪侵犯的客体是他人的身体自由权。身体自由权是一个自然人作为社会个体从事一切社会活动的基础权利，是不容他人非法侵犯的，因此非法拘禁他人的行为要受到刑罚处罚。本案中，虽然齐某是为了索取合法的债务，但是采取拘禁他人的方式，主观上具备故意的犯罪意图，客观上又造成了剥夺他人人身自由的结果，因此应当按照非法拘禁罪处理。同时，齐某为实行非法拘禁而在拘禁过程中对吴某进行殴打，该情节符合《刑法》第238条的规定，应该从重处罚。因此，本案中的齐某应以非法拘禁罪论处，并从重处罚。

相关规定

《中华人民共和国刑法》

第二百三十八条 非法拘禁他人或者以其他方法非法剥夺他人人身自由的,处三年以下有期徒刑、拘役、管制或者剥夺政治权利。具有殴打、侮辱情节的,从重处罚。

犯前款罪,致人重伤的,处三年以上十年以下有期徒刑;致人死亡的,处十年以上有期徒刑。使用暴力致人伤残、死亡的,依照本法第二百三十四条、第二百三十二条的规定定罪处罚。

为索取债务非法扣押、拘禁他人的,依照前两款的规定处罚。

国家机关工作人员利用职权犯前三款罪的,依照前三款的规定从重处罚。

106. 捏造事实诽谤他人致使对方自杀的,构成犯罪吗?

典型案例

张某和廖某是大学同班同学,不久前,两人因琐事发生争吵并因此结仇。后来,张某无中生有,恶意向他人散播廖某被"包养"的消息。廖某无意间发现同学们在谈论自己被"包养"的事情。从此之后,廖某的精神状态越来越差,总是把自己关在寝室里胡思乱想。某日,她再也不能忍受舆论的压力,决定通过结束自己的生命来证明自己的清白,自杀身亡。请问,张某捏造事实诽谤廖某致使其自杀,其行为构成犯罪吗?

依法解答

张某的行为构成诽谤罪。根据《刑法》第 246 条第 1 款的规定可知，行为人以暴力或者其他方法公然侮辱他人或者捏造事实诽谤他人，情节严重的，构成诽谤罪。本案中，张某捏造廖某被"包养"的事实并恶意加以传播，间接地导致了廖某自杀的严重后果，因此张某构成诽谤罪。通常情况下，行为人先前实施了严重的违法行为，导致被害人自杀身亡的，可把致人自杀死亡的结果作为一个严重的情节来考虑。在认定张某构成诽谤罪时，可以将廖某自杀的结果作为一个量刑的情节，从重处罚。

相关规定

《中华人民共和国刑法》

第二百四十六条 以暴力或者其他方法公然侮辱他人或者捏造事实诽谤他人，情节严重的，处三年以下有期徒刑、拘役、管制或者剥夺政治权利。

前款罪，告诉的才处理，但是严重危害社会秩序和国家利益的除外。

通过信息网络实施第一款规定的行为，被害人向人民法院告诉，但提供证据确有困难的，人民法院可以要求公安机关提供协助。

107. 遗弃老人致其死亡，是否构成遗弃罪？

典型案例

沈某来自农村，是家中独子。他大学毕业后在某城市定居并和当地的吕某结婚。婚后，因为生活观念不一致，沈某与父母产生了较大的矛盾，逐渐对他们不管不问。不久前，沈某获知自己的父母因无人照管又体弱多病已经死亡。请问：沈某不赡养自己的父母致其死亡，是否构成遗弃罪？

依法解答

沈某不赡养父母导致他们死亡的行为已经构成了遗弃罪。对此，《刑法》第261条规定："对于年老、年幼、患病或者其他没有独立生活能力的人，负有扶养义务而拒绝扶养，情节恶劣的，处五年以下有期徒刑、拘役或者管制。"构成本罪的前提条件是行为人必须负有扶养义务，此外，还要求行为人有能力进行扶养却拒绝扶养。本罪侵犯的客体是被害人在家庭成员中的平等权利，本罪的对象限于家庭成员中年老、年幼、患病或其他没有独立生活能力的人。案例中沈某的父母既无其他扶养人也无经济来源，沈某对他们负有法定赡养义务，沈某明明有能力却故意不赡养父母，最终导致父母的死亡，情节恶劣，已经构成遗弃罪。根据法律规定，沈某最高可获刑5年。

相关规定

《中华人民共和国刑法》

第二百六十一条 对于年老、年幼、患病或者其他没有独立生活能力的人，负有扶养义务而拒绝扶养，情节恶劣的，处五年以下有期徒刑、拘役或者管制。

108. 为了求职而伪造身份证、毕业证，构成犯罪吗？

典型案例

几年前，朱某去国外赚取了人生中的"第一桶金"。他在国外开阔了眼界、结交了很多朋友。后来，朱某决定回国，为了提高自己的身价，他给自己伪造了一张身份证以及一份国外某知名大学的毕业证。回国后,他凭借假身份与假学历顺利入职某公司,获得了一个薪酬很不错的职位。不久,周围的同事就发现朱某并没有什么过人之处,工作能力也一般,于是对他的学历产生了怀疑。请问,朱某为了获得职位伪造身份证、毕业证,构成犯罪吗?

依法解答

朱某伪造身份证、毕业证等证件的行为构成犯罪。身份证是我国公民证明身份的有效证件,公民的合法身份要通过身份证来核实,其重要性不言而喻。身份证不能随便更换、转借,如果丢失,要马上挂失、重新补办。根据我国《刑法》第280条第3款的规定,对伪造、变造居民身份证的行为,要处3年以下有期徒刑、拘役、管制或者剥夺政治权利,并处罚金;情节严重的,处3年以上7年以下有期徒刑,并处罚金。毕业证、学位证等证件,是学历证明,代表了公民的受教育程度。这些也是重要的个人资料,当然也不能随意伪造和变造,根据我国《刑法》第280条第2款的规定,伪造毕业证的行为一般以伪造事业单位印章罪论处。

本案中,朱某伪造了一张新的身份证与国外某知名大学的毕业证,以此才获得高薪酬的职位,他将会因触犯伪造身份证件罪、伪造事业单位印章罪而面临法律的处罚。

相关规定

《中华人民共和国刑法》

第二百八十条 伪造、变造、买卖或者盗窃、抢夺、毁灭国家机关的公文、证件、印章的,处三年以下有期徒刑、拘役、管制或者剥夺政治权利,并处罚金;情节严重的,处三年以上十年以下有期徒刑,并处罚金。

伪造公司、企业、事业单位、人民团体的印章的,处三年以下有期徒刑、拘役、管制或者剥夺政治权利，并处罚金。

伪造、变造、买卖居民身份证、护照、社会保障卡、驾驶证等依法可以用于证明身份的证件的，处三年以下有期徒刑、拘役、管制或者剥夺政治权利，并处罚金；情节严重的，处三年以上七年以下有期徒刑，并处罚金。

109. 冒充国家机关工作人员招摇撞骗的，触犯了刑法吗？

典型案例

周某了解到很多女性特别青睐国家机关工作人员，于是，他决定冒充公务员对自己进行"包装"，然后去相亲。如周某所愿，他顺利地结识了一位白领郑某。郑某被周某的职业以及口才所吸引，二人的感情很快就发展到谈婚论嫁的程度。后来，周某开始以各种理由向郑某要钱，郑某都毫不犹豫地给他打款。慢慢地，郑某察觉到周某并非公务员。为了解除自己的疑惑，她决定暗地里跟随周某上班。最终，她发现周某到了某汽修厂上班。请问，周某冒充国家机关工作人员招摇撞骗，触犯了刑法吗？

依法解答

周某构成招摇撞骗罪。根据《刑法》第 279 条的规定，冒充国家机关工作人员招摇撞骗的，处 3 年以下有期徒刑、拘役、管制或者剥夺政治权利；情节严重的，处 3 年以上 10 年以下有期徒刑。冒充人民警察招摇撞骗的，依照前款的规定从重处罚。招摇撞骗罪，是指为谋取非法利益，假冒国家机关工作人员的身份或职称，进行诈骗，损害国家机关的威信及其正常活动的行为。招摇撞骗的关键是"骗"，包括骗取爱情、荣誉、金钱、职位等，以此获得非法利益。招摇撞骗罪侵犯的客体为国家机关的威信以及国家对社会的正常管理活动。"冒充行为"主要包括两种：（1）非国家机关工作人员冒充国家机关工作人员；（2）此种国家机关工作人员冒充彼种国家机关工作人员，如行政机关工作人员冒充司法机关工作人员，职务低的国家机关工作人员冒充职务高的国家机关工作人员。

本案中，周某冒充公务员相亲，以此骗得了郑某的爱情，还多次向郑某索要钱财，并屡屡得手，其构成招摇撞骗罪。

相关规定

《中华人民共和国刑法》

第二百七十九条 冒充国家机关工作人员招摇撞骗的，处三年以下有期徒刑、拘役、管制或者剥夺政治权利；情节严重的，处三年以上十年以下有期徒刑。

冒充人民警察招摇撞骗的，依照前款的规定从重处罚。

110. 租赁房屋供吸毒者吸毒，触犯了刑法吗？

典型案例

许某无意间发现朋友王某吸毒，便对其进行劝诫。但是王某并没有听从许某的劝诫，反而告诉许某现在吸毒的人数很多，吸毒也并无大碍。王某还告诉许某，如果许某租赁一间房屋供自己吸毒，他将会支付三倍的租房费用。许某的经济压力较大，于是便按照王某的要求租赁了一间比较偏僻的房屋供其吸毒，自己负责放风。渐渐地，王某带来越来越多的吸毒人员，许某因此增加了不少的收入。不久，许某等因他人举报，被公安机关抓获。请问，许某租赁房屋供吸毒者吸毒，触犯了刑法吗？

依法解答

许某租赁房屋供他人吸毒的行为构成容留他人吸毒罪。容留他人吸毒是指为他人吸食毒品或注射毒品提供场所。行为人为吸毒者提供吸毒场所的次数、提供时间的长短以及吸毒者的人数,对本罪的构成均无影响。根据《刑法》第354条的规定,犯本罪的将会被处3年以下有期徒刑、拘役或者管制,并处罚金。以下情形均能成立"容留行为":(1)行为人主动提供场所或吸毒者提出要求时,行为人被动地提供场所;(2)行为人可以有偿提供,也可以无偿提供;(3)行为人所提供的场所,可以是自己的居所,也可以是他人的居所,如行为人利用住宅或通过租赁房屋供吸毒者吸毒等。毒品是一种能够使人形成瘾癖的药品,吸食毒品对身体健康是一种致命的伤害,也会危害社会,所以,我们国家禁止公民吸毒。本案中,许某租赁房屋供多位吸毒者吸毒,自己负责放风。可见,许某明知自己的行为会严重危害社会,在主观上还希望或放任这种危害后果的发生,构成容留他人吸毒罪。

相关规定

《中华人民共和国刑法》

第三百五十四条 容留他人吸食、注射毒品的,处三年以下有期徒刑、拘役或者管制,并处罚金。

111. 编造爆炸恐怖信息会触犯刑法吗?

典型案例

于某为了制造噱头、博人眼球,编造了一则"在市中心的商场里发现了炸弹，大家尽量不要到该商场"的消息发布在自己的社交平台上。此消息一经发布，立刻被广泛传播，使很多居民人心惶惶。这一情况很快引起了警方的注意，他们经过调查，确认于某所发布消息是编造的。请问，于某在网上编造爆炸恐怖信息的行为是否触犯刑法？

📢 依法解答

于某触犯了刑法。我国《刑法》第291条之一第1款规定了编造、故意传播虚假恐怖信息罪，明确指出行为人编造爆炸恐怖信息的行为严重扰乱了社会秩序或造成严重后果的将构成本罪。如果行为人不构成犯罪，则可以依照《治安管理处罚法》第25条第1项的规定对行为人给予治安处罚，处5日以上10日以下拘留，可以并处500元以下罚款；情节较轻的，处5日以下拘留或者500元以下罚款。

本案中，于某编造爆炸恐怖信息严重扰乱了社会秩序，造成本市居民人心惶惶，影响恶劣。因此，于某涉嫌编造、故意传播虚假恐怖信息罪，应当承担相应的刑事责任。

📢 相关规定

《中华人民共和国刑法》

第二百九十一条之一 投放虚假的爆炸性、毒害性、放射性、传染病病原体等物质，或者编造爆炸威胁、生化威胁、放射威胁等恐怖信息，或者明知是编造的恐怖信息而故意传播，严重扰乱社会秩序的，处五年以下有期徒刑、拘役或者管制；造成严重后果的，处五年以上有期徒刑。

编造虚假的险情、疫情、灾情、警情，在信息网络或者其他媒体上传播，或者明知是上述虚假信息，故意在信息网络或者其他媒体上传播,严重扰乱社会秩序的,处三年以下有期徒刑、拘役或者管制;造成严重后果的,处三年以上七年以下有期徒刑。

《中华人民共和国治安管理处罚法》

第二十五条 有下列行为之一的,处五日以上十日以下拘留,可以并处五百元以下罚款;情节较轻的,处五日以下拘留或者五百元以下罚款:

(一)散布谣言,谎报险情、疫情、警情或者以其他方法故意扰乱公共秩序的;

(二)投放虚假的爆炸性、毒害性、放射性、腐蚀性物质或者传染病病原体等危险物质扰乱公共秩序的;

(三)扬言实施放火、爆炸、投放危险物质扰乱公共秩序的。

112. 帮助犯罪的朋友逃匿,构成犯罪吗?

典型案例

吴某为人善良,结交了很多朋友。不久前,他的好朋友黄某神色慌张地找到他,称自己杀人了。黄某为了给自己争取逃离时间,希望吴某能够代替他去公安机关自首。吴某起初不同意黄某的要求,但黄某苦苦哀求,同时告诉他公安机关一旦发现抓错了人肯定会把他放出来。吴某顾及与黄某之间的友情,又鉴于黄某还有一家老小需要照顾,遂同意了黄某的请求。于是,吴某来到公安机关自首,公安机关查明情况后,却并没有及时将吴某释放。请问,吴某以假装犯罪嫌疑人自首的方式帮助黄某逃匿,构成犯罪吗?

依法解答

吴某为帮助黄某逃匿而假装其自首的行为构成包庇罪。根据

《刑法》第 310 条第 1 款的规定,明知是犯罪的人而为其提供隐藏处所、财物,帮助其逃匿或者作假证明包庇的,处 3 年以下有期徒刑、拘役或者管制;情节严重的,处 3 年以上 10 年以下有期徒刑。可见,帮助犯罪的人逃匿,即属于对其进行包庇的行为。例如,行为人为了帮助犯罪分子成功脱逃,谎称自己是犯罪分子向公安机关投案,为犯罪的人争取脱逃的时间与机会。本罪所侵害的客体是司法机关正常的刑事诉讼活动。本案中,黄某应该主动面对自己所犯下的罪行,吴某也不应该帮助黄某逃跑,而是应该劝其自首以求宽大处理。吴某冒充黄某去公安机关自首的行为不仅对黄某无益,也使自己触犯了刑法,将会受到相应的刑事处罚。

相关规定

《中华人民共和国刑法》

第三百一十条 明知是犯罪的人而为其提供隐藏处所、财物,帮助其逃匿或者作假证明包庇的,处三年以下有期徒刑、拘役或者管制;情节严重的,处三年以上十年以下有期徒刑。

犯前款罪,事前通谋的,以共同犯罪论处。

九、其他重要的刑法知识

113. 什么是犯罪故意?

典型案例

郑某与他人合伙经营了一家小餐馆,因餐馆的客流量比较少,郑某特别焦虑,脾气也变得越来越暴躁。后来,郑某餐馆的对面又开了一家快餐店,郑某的生意变得更差了,气急败坏的郑某打算伺机报复快餐店。一天晚上，郑某喝多了，走到对面将快餐店的玻璃砸碎并将店内的桌椅砸坏，觉得快餐店停业就会使自己的生意变好。请问，本案中的郑某有犯罪故意吗？什么是犯罪故意？

依法解答

郑某实施犯罪行为时虽然为醉酒状态，但并不会影响其构成犯罪，此外，本案中的郑某具有犯罪故意。根据我国《刑法》第14条的规定，犯罪故意是指行为人明知自己的行为会发生危害社会的结果，并且希望或者放任这种结果发生的一种主观心理态度。根据行为人对危害社会结果的发生所持心理态度的不同，犯罪故意可以分为两种类型。第一种类型为直接故意，是指行为人明知自己的行为必然或者可能发生危害社会的结果，并希望这种结果发生的心理态度。第二种类型为间接故意，是指行为人明知自己的行为可能发生危害的结果，并且放任这种结果发生的心理态度。结合本案，郑某明知自己砸碎快餐店玻璃以及桌椅的行为必定会发生危害社会的结果，他仍然用自己的行为积极追求此结果的发生。可见，郑某存在希望危害结果发生的心理态度，因此郑某具有犯罪故意，且为直接故意。

相关规定

《中华人民共和国刑法》

第十四条 明知自己的行为会发生危害社会的结果，并且希望或者放任这种结果发生，因而构成犯罪的，是故意犯罪。

故意犯罪，应当负刑事责任。

114. 什么是犯罪过失?

典型案例

前不久,周某因遭遇车祸住院接受治疗,因其失血过多,主治医生张某决定对其输血。张某对周某输血后,周某觉得不适,随后死亡。周某的家属对周某的死亡感到意外,随即报案,究其原因才发现,张某因工作失误为周某所输的血液与周某的血型不符,因此导致周某死亡。后司法机关经过审判,以医疗事故罪判处张某2年有期徒刑,缓刑3年。请问,张某是否为过失犯罪?

依法解答

本案中的张某具有犯罪过失,因此构成过失犯罪。根据我国《刑法》第15条的规定,犯罪过失是指行为人应当预见到自己的行为可能发生危害社会的结果,因为疏忽大意而没有预见,或者已经预见而轻信能够避免的一种心理态度。根据犯罪过失心理态度的不同内容,犯罪过失可分为两种类型:(1)疏忽大意的过失,是指行为人应当预见到自己的行为可能发生危害社会的结果,因为疏忽大意而没有预见,以致发生这种结果的心理态度。(2)过于自信的过失,是指行为人已经预见到自己的行为可能发生危害社会的结果,但轻信能够避免,以致发生这种结果的心理态度。本案中的张某因工作失误导致周某因输入与自己血型不符的血液而死亡,可见张某存在重大过失,因此构成过失犯罪。

相关规定

《中华人民共和国刑法》

第十五条 应当预见自己的行为可能发生危害社会的结果,因为疏忽大意而没有预见,或者已经预见而轻信能够避免,以致发生这种结果的,是过失犯罪。

过失犯罪,法律有规定的才负刑事责任。

115. 剥夺政治权利是什么意思?

典型案例

郑某是一名国家工作人员,有人为了谋取不正当利益试图向他行贿。一开始,郑某还能坚守自己的底线,但后来逐渐被金钱蒙蔽了双眼,接受了他人的贿赂。没过多久,郑某的罪行败露,检察机关以其涉嫌受贿罪向法院提起公诉。经过法院审理,最终判决郑某成立受贿罪,判处有期徒刑10年,并处剥夺政治权利3年。请问,剥夺政治权利是什么意思?

依法解答

剥夺政治权利是《刑法》规定的一种附加刑。根据《刑法》第54条的规定,剥夺政治权利是指剥夺公民的选举权和被选举权,言论、出版、集会、结社、游行、示威自由的权利,担任国家机关职务的权利,担任国有公司、企业、事业单位和人民团体领导职务的权利。郑某因受贿罪被判处刑罚,同时剥夺政治权利3年。在服刑期间,郑某当然不享有政治权利。当他服刑完毕后,政治权利被剥夺的期限即开始计算,即郑某在出狱3年内都不得行使宪法赋予公民的上述政治权利。

相关规定

《中华人民共和国刑法》

第五十四条 剥夺政治权利是剥夺下列权利：

（一）选举权和被选举权；

（二）言论、出版、集会、结社、游行、示威自由的权利；

（三）担任国家机关职务的权利；

（四）担任国有公司、企业、事业单位和人民团体领导职务的权利。

第五十五条 剥夺政治权利的期限，除本法第五十七条规定外，为一年以上五年以下。

判处管制附加剥夺政治权利的，剥夺政治权利的期限与管制的期限相等，同时执行。

第五十六条 对于危害国家安全的犯罪分子应当附加剥夺政治权利；对于故意杀人、强奸、放火、爆炸、投毒、抢劫等严重破坏社会秩序的犯罪分子，可以附加剥夺政治权利。

独立适用剥夺政治权利的，依照本法分则的规定。

第五十七条 对于被判处死刑、无期徒刑的犯罪分子，应当剥夺政治权利终身。

在死刑缓期执行减为有期徒刑或者无期徒刑减为有期徒刑的时候，应当把附加剥夺政治权利的期限改为三年以上十年以下。

第五十八条 附加剥夺政治权利的刑期，从徒刑、拘役执行完毕之日或者从假释之日起计算；剥夺政治权利的效力当然施用于主刑执行期间。

被剥夺政治权利的犯罪分子，在执行期间，应当遵守法律、行政法规和国务院公安部门有关监督管理的规定，服从监督；不得行使本法第五十四条规定的各项权利。

116. 什么是累犯？其法律后果是什么？

典型案例

翁某因涉嫌交通肇事罪被判处3年有期徒刑。在服刑期间，翁某暗下决心一定要好好接受改造，重新做人。然而在出狱后第3年，翁某就因涉嫌盗窃罪再次受到审判。请问：翁某构成累犯吗？他将面临什么样的法律后果？

依法解答

本案的翁某不构成累犯。我国《刑法》第65条对普通累犯作出了规定，是指被判处有期徒刑以上刑罚的犯罪分子，在刑罚执行完毕或者赦免以后，在5年内再犯应当判处有期徒刑以上刑罚之罪的。累犯的成立条件包括：（1）前罪与后罪都必须是故意犯罪。因为过失犯罪证明行为人主观恶性较轻、再次犯罪的可能性比较小，因此前后两罪或者其中一罪是过失犯罪的，就不构成累犯。（2）犯前罪时行为人必须年满18周岁。（3）前罪被判处有期徒刑以上刑罚，后罪也应当判处有期徒刑以上刑罚。（4）后罪发生在前罪所判处的刑罚执行完毕或者赦免后的5年之内。需要明确的一点是所谓"刑罚执行完毕"，指的是主刑执行完毕，不包括附加刑在内。以上条件均体现了累犯制度意在惩戒较严重的犯罪行为。

同时根据《刑法》第65条的规定，对于累犯，应当从重处罚。第74条、第81条第2款还分别规定，累犯不能适用缓刑、不能适用假释。

本案中，翁某所犯的前罪为交通肇事罪，属于过失犯罪，因此翁某不符合累犯的第一项条件，所以不构成累犯。

相关规定

《中华人民共和国刑法》

第六十五条 被判处有期徒刑以上刑罚的犯罪分子，刑罚执行完毕或者赦免以后，在五年以内再犯应当判处有期徒刑以上刑罚之罪的，是累犯，应当从重处罚，但是过失犯罪和不满十八周岁的人犯罪的除外。

前款规定的期限，对于被假释的犯罪分子，从假释期满之日起计算。

第六十六条 危害国家安全犯罪、恐怖活动犯罪、黑社会性质的组织犯罪的犯罪分子，在刑罚执行完毕或者赦免以后，在任何时候再犯上述任一类罪的，都以累犯论处。

第七十四条 对于累犯和犯罪集团的首要分子，不适用缓刑。

第八十一条第二款 对累犯以及因故意杀人、强奸、抢劫、绑架、放火、爆炸、投放危险物质或者有组织的暴力性犯罪被判处十年以上有期徒刑、无期徒刑的犯罪分子，不得假释。

117. 哪些情形可以减刑？减刑的限度是怎样的？

典型案例

陈某的好朋友托他保管一包毒品。开始的时候，陈某表示拒绝，但是好朋友苦苦相求，陈某心一软就同意代为保管1个月。1个月期限未到，陈某就因非法持有毒品罪被公安机关抓获。公安机关经过盘查发现毒品的所有者并非陈某，但是这一点并不能帮助陈某脱罪。最终，陈某被判处2年有期徒刑。刑罚执行期间，陈某真诚悔过，认真遵守监规，接受教育改造。1年后，陈某打算申请减刑。请问：陈某符合减刑条件吗？减刑的限度是怎样的？

依法解答

陈某符合减刑的条件。我国《刑法》第 78 条对适用减刑的情形及减刑的限度作出了具体的规定：被判处管制、拘役、有期徒刑、无期徒刑的犯罪分子，在执行期间，如果认真遵守监规，接受教育改造，确有悔改表现的，或者有立功表现的，可以减刑；有下列重大立功表现之一的，应当减刑：（1）阻止他人重大犯罪活动的；（2）检举监狱内外重大犯罪活动，经查证属实的；（3）有发明创造或者重大技术革新的；（4）在日常生产、生活中舍己救人的；（5）在抗御自然灾害或者排除重大事故中，有突出表现的；（6）对国家和社会有其他重大贡献的。关于减刑的限度问题，减刑以后实际执行的刑期不能少于下列期限：（1）判处管制、拘役、有期徒刑的，不能少于原判刑期的二分之一；（2）判处无期徒刑的，不能少于 13 年；（3）人民法院依照《刑法》第 50 条第 2 款规定限制减刑的死刑缓期执行的犯罪分子，缓期执行期满后依法减为无期徒刑的，不能少于 25 年，缓期执行期满后依法减为 25 年有期徒刑的，不能少于 20 年。

本案的陈某被判处 2 年有期徒刑，在刑罚执行期间，他认真遵守监规，接受教育改造，确有悔改表现，属于可以适用减刑的情形。陈某于刑罚执行 1 年后提出减刑申请，已经执行了原刑罚的二分之一，符合法律规定的减刑限度条件。因此，陈某的减刑申请可能被批准。

相关规定

《中华人民共和国刑法》

第七十八条 被判处管制、拘役、有期徒刑、无期徒刑的犯罪分子，在执行期间，如果认真遵守监规，接受教育改造，确有悔改表现的，或者有立功表现的，可以减刑；有下列重大立功表现之一的，应当减刑：

（一）阻止他人重大犯罪活动的；

……

减刑以后实际执行的刑期不能少于下列期限：

（一）判处管制、拘役、有期徒刑的，不能少于原判刑期的二分之一；

……

第八章

社区矫正对象的相关汇报总结

一、每月电话汇报情况

1. 汇报表格模板

××年××月电话汇报情况表

电话汇报	汇报时间		听汇报人	
	汇报内容			
	汇报时间		听汇报人	
	汇报内容			

续表

电话汇报	汇报时间		听汇报人	
	汇报内容			
	汇报时间		听汇报人	
	汇报内容			

2. 填报示范

社区矫正机构为了更有效地监督、管理和帮助社区矫正对象实施社区矫正，通常会要求社区矫正对象每周进行一次电话汇报。社区矫正对象可以根据自身的实际情况，从思想、家庭、工作、学习等方面进行汇报，汇报务必真实、实事求是。我们通过一个小例子来具体了解一下。

2020年8月，肖某因犯盗窃罪被判处管制，并被依法实行社区矫正。下面是肖某9月的电话汇报情况。社区矫正工作人员李某、段某分别进行了记录。

2020 年 9 月电话汇报情况表

电话汇报	汇报时间	2020 年 9 月 9 日	听汇报人	李某
	汇报内容	肖某经朋友介绍进入一家服装厂工作。该厂领导及职工对肖某较为友善,肖某称对工作很满意。		
	汇报时间	2020 年 9 月 16 日	听汇报人	李某
	汇报内容	肖某在工作之余,参加了《社区矫正法》的视频网络学习,对社区矫正的意义等有了较为深刻的认识。		
	汇报时间	2020 年 9 月 23 日	听汇报人	段某
	汇报内容	肖某于 9 月 20 日参加了社区垃圾分类的公益活动,不仅学到了关于垃圾分类的知识,还帮助社区进行垃圾清理、分类和清运,被居民称赞。肖某的自尊心受到了很大鼓舞,表示以后会多多参加公益活动。		
	汇报时间	2020 年 9 月 30 日	听汇报人	段某
	汇报内容	9 月 29 日,肖某所在的服装厂为包括肖某在内的员工发放了国庆节福利礼品,肖某对于自己是社区矫正对象并且刚参加工作不满一个月,能得到这样的待遇很欣慰,表示以后一定认真劳动,积极矫正,堂堂正正做人。		

二、每月教育学习情况

1. 汇报表格模板

××年××月教育学习情况汇报表

学习时间		学习形式	
学习内容			
学习笔记			

2. 填报示范

学习笔记可以记录学习内容、心得体会、思想活动等,为了清晰呈现,可以分条列出。下面,我们来看示例。

2020年10月,社区矫正对象杜某参加了社区矫正机构组织的"认真做事、诚信做人"的视频专题讲座,并就此次学习,进行了情况总结。

2020年10月教育学习情况汇报表

学习时间	2020年10月13日	学习形式	网络视频讲座
学习内容	认真做事、诚信做人		
学习笔记	通过此次讲座，我深刻认识到，每个人在社会中，若想很好地立足、被他人认可和尊重，要充分把握好两件事，一是做事，二是做人。如何做好这两件事，要做到以下三个方面： 第一，做事要认真。不管是在生活、学习中，还是在工作中，无论多小的事情，我们都应认真对待，不能因为事情容易、细小，就疏忽懈怠，否则，就会很容易出错。细节决定成败。在很小、很简单的事情上因疏忽出现差错，会影响到他人对我们的评价，从而影响其他一系列的事情，如进一步的合作等。 第二，做人要诚信。诚信包含两方面：诚实和信用。诚实，即要求实事求是、不能说谎；信用，即讲究"说到做到"。诚实与信用是做人的两大原则，只有做到了诚信，才能交到真朋友，才能在社会中"吃得开"。 第三，将认真做事、诚信做人充分地运用到当前的实际生活中。具体地，我们要从当前做起，认真履行社区矫正的义务，服从管理，认真对待每一项工作和细小的事情，对于各种汇报事项要做到务实、诚信；在社区矫正期满，正式归入社会后，也要秉持认真做事、诚信做人的原则，积极生活、踏实工作，绝对不再践踏法律的红线，做一个守法有德之人。		

三、每月思想汇报

1. 汇报表格模板

××年××月思想汇报表

2. 填报示范

社区矫正对象应于每月向社区矫正机构或受委托的司法所进行思想汇报。在进行思想汇报时,要针对当月的思想感受进行如实、深刻的总结和汇报,要特别注意做到"走心"。下面请看一则范例。

沈某因缓刑而被依法实施社区矫正,下面是其参加社区矫正后第三个月的思想汇报。

2020 年 8 月思想汇报表

　　我叫沈某，因挪用公款罪被判缓刑，是一名社区矫正对象。8 月是我参加社区矫正的第 3 个月。这三个月以来，让我感触最大的就是司法所工作人员的诚意和耐心。在我进行矫正中所接触的每一位工作人员，都没有把我当成罪犯，他们视我为朋友、家人，耐心地开导我，帮助我，给予了我很多的温暖。这个月，我家因孩子上学的问题遇到了困难，由于孩子的户籍不在本地，去哪所学校上学成了我们家的难题。司法所的工作人员李某某同志得知后，与其他同事一起商量对策。大家主动帮我联系了某中心学校，解决了我家孩子的入学问题。我们全家都十分感谢司法所的每一位工作人员给予我们的无私帮助。在以后的日子里，我会更加积极矫正自己，认真悔罪，增强法治观念，以积极乐观的心态走向社会。

四、每月公益活动情况

1. 汇报表格模板

××年××月公益活动情况汇报表

时间：	活动类别：
地点：	
活动成果（心得体会）：	
时间：	活动类别：
地点：	
活动成果（心得体会）：	

2. 填报示范

社区矫正对象应认真对待和积极参与每一次公益活动。在参加完公益活动后，应积极进行相关总结。下面，我们来看示范。

2020年7月，社区矫正对象刘某参加了两次公益活动，一次是帮助当地的敬老院修缮房屋，另一次是给当地的福利院修剪草坪和树木。

2020年7月公益活动情况汇报表

时间：2020年7月8日　　　　　　　活动类别：修缮房屋
地点：某镇敬老院
活动成果（心得体会）：
今天，我和其他两名社区矫正对象在司法所同志范某的带领下，去给某镇敬老院修缮房屋。我懂瓦工活，在其他同行的帮助下，对敬老院房屋、阳台等存在漏水、断裂等危险的地方进行了修缮。敬老院的员工和老人们对我们伸出大拇指点赞，我的心中很暖，也很自豪。他们没有因我是一名社区矫正对象而看不起我，这给予我很大的信心。我一定认真矫正，积极做事，好好做人。

时间：2020年7月20日　　　　　　　劳动类别：修剪草坪、树木
地点：某福利院
劳动成果（心得体会）：
今天，我以社区矫正对象的身份参与了某福利院修剪草坪与树木的公益活动。在劳动的过程中，我看到福利院的孩子们一张张纯真可爱的脸上写满了对我们的尊敬。劳动完毕后，他们还给我们唱歌、跳舞表示感谢。我被这里的每一个孩子所震撼，为自己曾经犯下的罪恶而自责。今后，我一定积极、认真地进行社区矫正，多参加公益活动，改正自己、提升自己。

五、社区矫正期满的自我总结

社区矫正期满的自我总结是社区矫正对象对于自己整个社区矫正阶段的认识、归纳和汇总。社区矫正对象可以从思想上、生活上、工作上以及对以后的期望上一一作出说明。总结务必实事求是，全面深刻。下面，我们来看一则范例。

2020年5月，李某某因索债而非法拘禁了债主，因此被判处管制5个月，并被依法实行社区矫正。2020年10月，李某某社区矫正期限即将届满，其进行了自我总结。

自我总结

我叫李某某，2020年5月15日，因非法拘禁罪被判处管制5个月，被依法在某镇某地实行社区矫正。2020年10月14日，是我社区矫正期限届满的日子，也是我翘首以待的日子，如今，距离这个日子没有几天了，在此，我回望过去的5个月，感触良多，现就我的社区矫正生活及思想认识等方面总结如下：

首先，我特别感谢5个月中镇司法所的工作人员给予的帮助。在他们的帮助下，我深刻认识到自己所犯罪行的严重性；也是在他们的帮助下，我找到了重新生活的勇气；更是在他们的帮助下，我找回了失去的自信，努力创业开了一间小作坊，为以后真正步入社会开了一个好头。司法所的工作人员把我当作朋友、亲人，我要向他们学习，用一颗"暖心、诚心"回报家乡、回报社会。

其次，通过5个月的法律学习，我了解了很多法律知识，感觉自身的法律意识增强了很多。以前，因为我自身法律意识的淡薄，在向他人索要债务的时候，冲动拘禁了他人。在今后的日子里，绝不会再有此类事情发生。我已经充分学习到了正当的维权途径，不会再通过非法途径进行维权。同时，我也不会再做其他触犯法律的事情。

再次，在社区矫正期间，村委会干部、父老乡亲给予了我很大的宽容和关照，我衷心感谢他们，没有因我犯了罪而歧视我、抛弃我。在这5个月的时间里，我参与了多项镇里、村里的公益活动，也学习到了木工、瓦工等简单的手艺，我没有多高的文化，但有的是力气，今后，我一定会为社会、为家乡、为村里多办实事、多做贡献。

最后，我感谢我的家人给予我的无限关心。他们帮我走出人生低谷，给我努力生活、工作的动力，我会永远爱他们，绝不会再让他们为我担心。

5个月的时间说短不短，说长也不长。社区矫正的5个月，虽然不是光辉岁月，但绝对是我人生中最重要的一段时间。我已经牢牢记住：一个人要想成为一个真正的人，不仅要有德，还要懂法、守法，只有"德法兼备"，才能铸就精彩的人生。

第九章
社区矫正对象重塑自我的典型故事

故事一:"小偷爸爸"变成了"英雄爸爸"

王力(化名)因盗窃罪在司法所接受社区矫正,他的妻子与他协议离婚,最爱的女儿也由妻子抚养,因为妻子认为王力无法给女儿一个良好的成长环境。由于王力所犯的罪行,他在女儿心中的形象也不再高大,而是一个"小偷爸爸"。自从离婚之后,王力一直郁郁寡欢,虽然也主动参与社区组织的公益活动,向司法所汇报自己的情况,但他始终找不到生活的动力。

一日,王力向司法所汇报后去河边散心,漫无目的地走着,突然听到前方有孩子的呼救声。他赶忙跑过去,看到一个小女孩在水中呼救,情况十分紧急,熟悉水性的王力毫不犹豫地跳入河中,将小女孩救起,所幸小女孩并无大碍。小女孩的父母知道这件事情后,专门带小女孩到王力所在社区送锦旗,感谢他给了小女孩第二次生命。王力认为自己也是一个父亲,这是他应该做的。看着眼前的小女孩,他想到如果女儿知道了这件事,一定会为自己感到自豪吧。王力见义勇为的事迹被司法所当作典型进行宣传,给社区矫正对象树立了很好的榜样。王力通过这件事也找到了自己的价值所在，他给女儿写了一封信，将这件事告诉她，并向她保证自己一定会改正错误，做一个"英雄爸爸"。此后，王力重拾信心，不但在矫正期间表现积极，还经常参与普法宣传，告诫人们千万不要触犯法律，走上不归路。

王力心中有了一把标尺：他所做的每一件事都不能对不起这面锦旗，更不能对不起对女儿的承诺。终于，在社区矫正期满后，原刑罚不再执行，王力也找到了生活的目标，并通过自己的努力让别人不再戴着有色眼镜看他，生活逐渐步入正轨。

故事二：迷途知返，为时不晚

陈文（化名）原是电子厂技术工人，虽收入不多，但也能支撑家庭生活。陈文有一个缺点，就是爱酒如命，且经常在喝醉后与人发生矛盾，有时在上班时间也醉醺醺的。不久前，陈文又酒后闹事，将工友打伤，经鉴定，其工友属于轻伤二级，陈文因此被判处有期徒刑10个月，缓期1年执行，在某司法所接受社区矫正。

陈文因严重违反工厂的规章制度而被辞退，有了故意伤害罪的案底后找工作也非常不顺利，他逐渐意识到酗酒给他带来的不良影响，内心自责又懊悔。但值得庆幸的是，陈文并没有因此一蹶不振，而是积极联系司法所汇报自己的情况，表明自己想要重新开始的决心。此后，陈文经常在社区进行义务帮忙，并且积极参加司法所为社区矫正对象开设的技能培训课程。除此之外，陈文也开始努力戒酒，他认为自己一系列的错误都来源于酗酒，只要戒酒后好好生活，一切都有机会重新开始。于是他请家人和司法所社区矫正工作人员进行监督，一步步开启自己的戒酒计划。终于，在陈文的不懈努力和家人、社区矫正工作人员的帮助下，陈文戒酒成功。

由于陈文在社区矫正期间表现良好，并通过学习掌握了汽车修理技术，司法所帮助他找到了一份汽车修理的工作。陈文十分珍惜这次工作机会，在工作中表现积极、踏实认真，收入自然也提上去了。就这样，陈文顺利通过了1年的缓刑考验期，没有执行原刑罚。有了这些经历，陈文对如今的生活更加心存感恩，在向司法所汇报时称一定会努力生活，为社会做出力所能及的贡献。

故事三：青春之花再次绽放

小鹏（化名）是某校高二年级的学生，因聚众斗殴罪被判处1年有期徒刑，缓期1年执行，在某司法所接受社区矫正。

小鹏在学校经常惹是生非，学习成绩也垫底，同学们提起他，第一印象就是"调皮捣蛋""讲义气"，而这次正是因为小鹏的"义气"，导致他被判处刑罚。小鹏的好哥们儿和高三年级的一名同学发生口角，双方争执不下，赌气要放学后对决。小鹏知道此事后，表示必须替好哥们儿出头，让对方吃点苦头，于是在放学后召集十余名同学与对方斗殴，造成六人受伤。在被判处刑罚后，小鹏也被学校开除，他这才知道这件事的影响有多恶劣。他本以为像原来一样写份检讨就完事了，没想到结果是这样，看到父母每天愁容满面，小鹏也十分懊悔，觉得自己的前途毁了。

在接受社区矫正期间，小鹏向司法所工作人员说出了自己的担忧，经过工作人员的帮助以及和父母的商议，小鹏决定去读中专，学习一门技术。小鹏平时就喜欢鼓捣手机、电脑等电子产品，因此他想去学电子设备的修理技术，这样就可以早点毕业去参加工作，为父母减轻负担。作出这个决定后，小鹏一下子豁然开朗了，在社区服务中表现也更加积极，性格更加沉稳。就这样，小鹏因在社区矫正期间表现良好，缓刑考验期满不再执行原刑罚。与此同时，小鹏也在当地一家中专学校开启了新的学习生活，修理电子设备让小鹏对学习提起了兴趣，不再为所谓的"义气"冲动行事，而是以学习为重。

故事四：走出心理阴霾，重塑健康人格

李某因犯绑架罪被人民法院判处有期徒刑 11 年，后因病被省监狱管理局决定暂予监外执行。

执行地司法所接收李某后，与社区工作人员一起对李某家庭及居住地进行了走访，了解到李某病后由其父母照顾生活起居，其父母都没有退休工资，仅靠守店赚取微薄收入，家庭经济条件十分困难。司法所及时与当地公安机关、社区、居民小组等部门沟通协调，建立了帮教小组，确定社区矫正方案，重在帮助其康复心理、健全人格。通过对其开展针对性的个别谈话教育，了解其最新心理动态，并适时调整教育矫正方案。

随着李某身体变差，痊愈的希望越加渺茫，加之因生活困难而放弃了治疗，使他思想日渐消沉，更加寡言少语。李某在与所长的对话中说道："所长，我每天躺在家里很无聊，父母整天都要忙着守店，没有人陪我说话，再加上我身体这个情况，心理负担很大，这样过得很没有意思。"工作人员对于李某表现出的心理状态十分重视，一边对他进行耐心的心理疏导，一边为其申请困难救助。区矫正局安排专业心理咨询师为李某做每周一次的上门心理辅导。经过执行地司法所工作人员和心理咨询师两个月的共同努力，李某的精神状态有了很大变化，从刚开始的不愿与人交流，到后来主动敞开心扉，分享自己的生活经历。这一次共同努力不仅打开了李某的心扉，并且对其日后的身体康复有较大的帮助。

执行地司法所坚持每周上门，以真诚、宽容的态度与李某进行

沟通交流，让他体会到父母的不易与辛劳，理解父母年事已高还要打工赚钱维持家庭开支，无怨无悔地每日为其按摩清理身体。在工作人员的耐心疏导下，李某表示要端正态度，增强自我矫正的自觉性。同时，司法所劝导其家人对李某多些耐心、关怀、鼓励和陪伴，促使他们建立起包容和谐的家庭关系，借助亲情的力量消除心理障碍，增强矫正效果。

由于李某在监狱服刑三年，中断了社会关系和人际交往，暂予监外执行后，很多朋友都对他避而远之。针对这一情况，执行地司法所专门组织社区志愿者定期看望李某，派出所民警也会每月上门走访。几年来，通过大家共同的努力，李某思想行为发生了明显改变。他不仅对其犯罪行为有了正确认识，负面心理情绪也得到了明显改善。李某的父亲看到儿子的变化十分欣慰，他希望李某能一直坚持，好好矫正。

故事五：从情绪低落到重拾生活信心

社区矫正对象徐某因犯诈骗罪被人民法院判处有期徒刑 8 个月，缓刑 1 年。徐某到某县社区矫正管理局报到后，某县社区矫正管理局委托执行地司法所负责落实其缓刑期间的日常管理工作。

徐某入矫后，执行地司法所社区矫正工作人员发现其情绪逐渐低迷，甚至出现了悲观厌世的心理。执行地司法所社区矫正工作人员紧急召集矫正小组成员进行研究分析，通过集体讨论，一致认为徐某出现这个情况是由家庭经济原因引发：徐某有两个孩子，妻子无业，家庭所有经济来源由其一人承担，为提高家庭经济水平，徐某贷款购买了一辆大型货车跑运输，但由于在社区矫正期间，未经批准不能离开居住地，徐某另行聘请了一位司机帮忙开车，这样一来，不但没有挣着钱，还要给司机发工资，家庭经济困难的情况未能缓解。徐某因此情绪很不稳定。

找到问题的根源后，执行地司法所会同矫正小组组织专业人员对徐某进行心理疏导，并及时报请某县社区矫正管理局落实徐某经常性跨市县活动审批，同时加强对徐某的关注和关怀。徐某得知经常性跨市县活动得到批准后，十分开心，不良情绪得到极大缓解。

经过一段时间的社区矫正，徐某的法律意识和矫正意识明显增强，能积极配合社区矫正机构的监督管理，同时通过批准经常性跨市县活动，保障了其家庭经济来源，让徐某重拾对生活的信心。徐某表示要努力改变自己的行为恶习，积极配合融入社会。

故事六：从不懂法到"常怀敬畏法律之心"

何某因犯聚众斗殴罪被某市某区人民法院判处有期徒刑1年，缓刑1年6个月。后何某到某市某区社区矫正中心报到，由执行地司法所负责对其进行日常管理。

何某家庭经济比较困难，其父因病去世并留下高额债务，其母年纪大，无稳定收入。何某与前妻离婚后独自抚养两个女儿，加之其本人患病需长期服药，整个家庭经济状况捉襟见肘。之前，何某长期在外地工作，与家人相处时间较少。何某与母亲、女儿沟通交流不多，家庭关系相对疏远。由于工作环境鱼龙混杂，交往的多为社会闲散人员，再加之婚姻不幸福、经济压力大等多方因素影响，何某长期处于焦虑自卑情绪中，性格急躁，遇事易冲动，最终构成犯罪。

何某只有小学文化，对法律常识缺乏基本认知，案发前就曾多次因哥们儿义气同他人发生肢体冲突。司法所工作人员紧盯何某法治意识淡薄这一关键点，多措并举增强其守法意识。入矫之初，工作人员组织何某专门学习社区矫正各项监管规定以及不遵守纪律规定所承担的严重后果,定期邀请互帮共建民警对其进行个别警示教育,督促其端正心态,严守法律法规。同时,引导何某多阅读法律书籍,多接触法治类广播、电视节目,培养法治思维,拓宽法治视野。依托《民法典》宣讲等专项活动,针对人们日常生活可能遇到的一些法律困惑进行详细宣讲,帮助其尊法学法知法守法。经过教育帮扶,何某的法治意识得到了显著增强,对于过去的错误认知和行为均有深刻反省。

针对何某长期以来同家人之间的情感隔阂和自卑心理,受委托的司法所一是在个别教育谈话中尽可能营造轻松、平等的谈话氛围,让其感受到尊重与信任,何某从不愿说到被动说再到主动说,明显转变。二是主动联合街道人社部门,协助其参加就业技能培训,提升其就业能力。通过多方共同努力,何某的家庭经济状况有了明显改善,社会各方的关爱也让何某对于重新融入社会有了更多期许,其母亲也多次到受委托的司法所表示感谢。现在无论是生活中遇到困难挫折,还是孩子取得优秀成绩,何某都会主动向矫正小组成员反馈,每日的陪伴和沟通也让家庭成员关系日益融洽。

在人社部门组织的培训中,何某掌握了面点制作技能,打算攒钱和母亲一起开早餐店。何某表示自己一定会积极配合司法所教育监管,常怀敬畏法律之心,认真学法,自觉守法,努力工作,早日融入社会。

故事七:"今后我一定会好好把握人生"

社区矫正对象许某,因犯放火罪被某市某区人民法院判处有期徒刑3年,缓刑4年,后许某自行到某市某区司法局报到。

许某父母在他成长过程中始终处于缺位状态,在他不到1岁时,就把他独自交由爷爷奶奶抚养。由于许某爷爷年岁已高,出于自身原因缺乏安全感,平时基本不让徐某外出与他人交往,爷孙之间年龄相差60多岁,在情感交流和成长教育方面存在很深的代沟和隔阂。

在这种特殊家庭长大的许某基本不懂如何与他人正常交往,就读某职业院校后,没有等到毕业便辍学,后来多次应聘工作都没有成功。求学和找工作的失败经历、异常的家庭关系以及畸形成长环境,使正处于青春期的许某开始仇视社会,产生了强烈的报复心理。一日再次求职失败后,许某用路上捡拾的打火机将某高档写字楼卫生间的厕纸点燃,造成直接经济损失2950元。

在司法所工作人员第一次找徐某开展接收谈话时,许某神情木讷,存在非常强的抵触戒备心理,对工作人员的询问爱搭不理或只简单回复一两个字。他的爷爷在与司法所工作人员谈话时透露,这么多年许某一直都处于自我封闭状态,对任何人都没笑过。许某是他一生的精神寄托,在有生之年最希望的就是看到孙子能对自己笑一下。

司法所针对许某个人成长环境、缺乏关爱而产生心理问题的现实情况,安排专业心理咨询师每周对其进行心理辅导。通过近一年连续的心理咨询与辅导,许某的病态心理问题得到了很大缓解,他不再把自己封闭起来,能够主动与司法所工作人员进行谈话交流。

针对许某生活在完全封闭的家庭环境中,长期与社会外界无交流的情况,为帮助其走出封闭的生长生活环境,司法所与街道居委会、社保所等部门进行了沟通和协调,在街道社区动漫室给他安排了一份做模型的工作。刚开始许某防备心较强,与他人没有任何交流,在司法所的鼓励和引导下,让他从与人见面打招呼、简单的问候开始,逐步与周边环境接触,直到与他人正常交谈,许某的精神状态一天天好转起来,工作态度也越来越认真。许某的邻居们也对其评价道:"我们都感觉这小伙子最近说话、做事变得越来越踏实了,精神头也足了,真的像变了一个人。"

许某的言谈举止、日常言行、人际交往逐步恢复了正常,内心也不再封闭,与司法所工作人员建立了信任关系,并能够按照司法所的监督管理要求,遵守各项矫正规定,定期向司法所进行电话和当面报告自己的思想状况。许某在与司法所工作人员交谈中说道:"司法所的教育和引导,让我明白了很多人生道理,让我真实感受到了家人般的关怀和温暖,今后我一定会好好把握人生,做一个对自己负责、对社会有用的人,绝不辜负大家对我的期望。"

如今的许某,在大家眼里已经判若两人,变成了一个脸上挂着微笑,能够主动与周围人打招呼、懂礼貌的小伙子,许某的爷爷在与司法所工作人员的沟通谈话中说道:"真是感谢司法所对我孙子许某的帮助教育,不仅挽救了我们这个残缺的家庭,更让我们重新看到了希望。"

附　录

一、社区矫正工作指导案例[*]

案例一：四川省眉山市丹棱县对缓刑社区矫正对象付某某依法接收案例

【社区矫正对象基本情况】

社区矫正对象付某某，男，1986年12月出生，户籍地、居住地均为眉山市东坡区。2021年4月9日因交通肇事罪被眉山市东坡区人民法院判处有期徒刑十个月，缓刑一年，缓刑考验期自2021年4月9日起至2022年4月8日止。

【依法决定和接收社区矫正对象情况】

（一）确定执行地

2021年4月初，眉山市丹棱县社区矫正执法大队接到眉山市东坡区人民法院电话，告知有一名罪犯付某某虽然户籍地与经常居住地均不在丹棱县境内，但一直在丹棱县从事快递揽收、派送工作，为方便工作，付某某希望能够在丹棱县执行社区矫正。丹棱县社区矫正执法大队得知此事后，立即电话联系付某某了解相关情况。经与付某某谈话、实地走访，查看相关材料，县社区矫正执法大队了解到，付某某户籍地、居住地均在眉山市东坡区，未婚未育，父亲

---

[*] 司法部2022年5月1日发布，载司法部官网：http://www.moj.gov.cn/pub/sf-bgw/gwxw/xwyw/szywbnyw/202205/t20220531_456180.html，2023年6月8日访问。

早逝、母亲多病、需人照顾、几乎丧失劳动力,家中土地耕种均由付某某一人承担。付某某长期在丹棱县境内从事快递揽收、派送工作,有一快递承包站点,条件简陋不具备居住条件。

付某某向丹棱县社区矫正执法大队表示,自己家庭经济状况较差,工资是家庭经济收入的主要部分。快递行业工作量大,全年少休,日间活动范围均处于丹棱县境内,能按要求随时前往司法所报到或办理矫正事项。眉山某镇与丹棱县相邻,距丹棱县7公里,摩托车骑行仅需10余分钟,每日往返路途短。自己将严格遵守社区矫正规定,服从司法所的监管安排,遵纪守法完成矫正,希望丹棱县社区矫正执法大队能够充分考虑他的实际情况,予以接收。

根据付某某具体情况,县社区矫正执法大队研究决定,遵照"最有利于矫正对象接受矫正"的要求,同意接收付某某在丹棱县境内进行社区矫正,并按照其申请,依法为其办理经常性跨市、县活动审批。

(二)建立矫正小组

基于付某某实际情况,司法所为其组建了由司法所负责人陈某某、社会工作者刘某某、付某某承包的快递站点区域的网格员黄某某、付某某同事杨某某组成的四人矫正小组。其中杨某某居住地位于眉山市某村,每日与付某某共同往返,协助对付某某在往返途中进行监管。

(三)制定矫正方案

司法所通过召集矫正小组成员讨论,为社区矫正对象付某某制定以下矫正方案:1. 管理登记为严管,每周向司法所口头或电话报告一次,每两周向司法所提交书面汇报一次,了解付某某日常动态;2. 付某某每月参加集中劳动、集中学习一次;3. 矫正小组每月组织开展走访最少一次,重点对付某某的居住地进行走访,了解其返回眉山市某村后的状况;4. 司法所做好付某某的信息化核查和行动轨迹记录；5. 组织开展符合付某某实际情况的帮扶工作。

（四）办理经常跨市、县活动审批

根据社区矫正对象付某某本人申请，综合考量具体情况，司法所与县社区矫正执法大队为付某某办理了经常跨市、县活动审批，准许付某某在东坡区正常生产生活范围内与丹棱县之间流动，同时要求付某某做好每日早晚定位签到，司法所加强日常位置信息核查和节假日报告工作，并向眉山市东坡区社区矫正执法大队发送协助监管函。

【案例注解】

本案依据《中华人民共和国社区矫正法》第十一条、第二十七条等相关条款办理，根据第二十七条第一款的规定，社区矫正对象离开所居住的市、县或者迁居，应当报经社区矫正机构批准。社区矫正机构对于有正当理由的，应当批准；对于因正常工作和生活需要经常性跨市、县活动的，可以根据情况，简化批准程序和方式。

在社区矫正工作日常中，出现社区矫正对象工作地与居住地分离的现象时，大多是将居住地确定为执行地后再办理经常性跨市、县活动解决外出工作问题。本案根据矫正对象具体情况，将工作地作为执行地，最大限度地减少了社区矫正对矫正对象生产生活的不利影响，既保证了矫正监管质量，又避免矫正对象出现逆反心理，是社区矫正工作"教育挽救""以人为本"的工作理念的体现。

案例二：江苏省南通市海安市对缓刑社区矫正对象吕某某依法给予警告并使用电子定位装置案例

【社区矫正对象基本情况】

吕某某，男，1961年3月出生，户籍地、居住地均为江苏省海安市。2020年8月，因犯盗窃罪被江苏省海安市人民法院判处拘役五个月，缓刑十个月。缓刑考验期自2020年9月1日起至2021年6月30日止。2020年9月7日，海安市社区矫正机构工作人员到吕某某家中（手术康复中）为其办理了入矫报到手续，由执行地受委托司法所负责对其开展社区矫正日常教育管理。

【对社区矫正对象依法实施监督管理情况】

吕某某入矫后，司法所根据其心理特点、健康状况、犯罪类型等情况制定针对性矫正方案，对其实施分类管理、个别化矫正。

（一）发现、认定违法违规行为情况

2021年2月22日上午10时许，海安市社区矫正机构工作人员在网上巡查时发现吕某某越界，疑似不假外出，因其手机处于关机状态，无法取得联系，立即组织司法所工作人员、镇村干部通过上门核查、走访亲友等方式进行查找，并制作调查笔录。经多方查找无果后，海安市社区矫正机构及时发函请求海安市公安局帮助查找，并将组织查找的情况向海安市人民检察院进行了通报。在公安机关的协助下，大队工作人员于当日下午6时左右与吕某某取得了联系。经教育，吕某某承认了不假外出至河北省威县的违规事实，表示因忘记充电导致手机关机，承诺将搭乘最近的长途汽车返回海安。23日下午，吕某某从威县启程，于24日凌晨3时左右到达海安。24日上午，吕某某到司法所接受调查处理。司法所工作人员对其进行了严厉的批评教育，制作了询问笔录，固定了证据。

(二) 给予警告、使用电子定位装置情况

司法所经合议认为，吕某某未经批准擅自离开海安市，前往河北省威县，属于违反社区矫正监督管理规定情节较重的情形，于2021年2月24日向海安市社区矫正机构提请给予其警告处分，并附相关证据材料；同时提请海安市司法局对其使用电子定位装置。2021年2月25日，经海安市社区矫正机构集体合议，作出给予吕某某警告的决定，同时经海安市司法局负责人批准，决定对吕某某使用电子定位装置，期限为三个月，并在社区矫正中心和司法所进行了公示。2021年2月26日，海安市社区矫正机构向吕某某宣读并送达《社区矫正警告决定书》《社区矫正使用电子定位装置决定书》及《对社区矫正对象使用电子定位装置告知书》，为其佩戴电子定位装置，并开展警示教育谈话。经教育，吕某某当场作出深刻检查，保证不会再犯，并在《社区矫正法律文书送达回执》上签字、捺印。

(三) 警告后调整监督管理措施情况及效果

吕某某受到警告处分后，司法所将其管理等级从普通管理上调为严格管理，并及时调整了矫正方案。一段时间以来，吕某某法律规范意识逐步提高，社区矫正意识明显增强，能够服从社区矫正机构和司法所的管理，遵守社区矫正监督管理规定，认真履行矫正义务，矫正期满顺利解矫。

(四) 利用本案例开展警示教育情况

海安市社区矫正机构将吕某某被警告处分的案例作为典型案例，在社区矫正对象报到、入矫宣告、集中教育、个别谈话时，对社区矫正对象开展警示教育。

【案例注解】

本案中，吕某某不假外出至河北省威县，属违反社区矫正监督管理规定情节较重情形，社区矫正机构根据《中华人民共和国社区矫正法》第二十八条、第二十九条，《中华人民共和国社区矫正法实施办法》第三十五条，对吕某某给予警告处罚并使用电子定位装置。同时根据《中华人民共和国社区矫正法》第二十四条，《中华人民共和国社区矫正法实施办法》第二十二条，及时调整矫正方案，提高了监督管理的精准性，取得了良好的矫正效果。

社区矫正是严肃的刑事执行活动，对于违法违规的社区矫正对象要坚决依法惩处，充分运用现代信息技术开展监督管理。同时要加强对社区矫正对象违法违规原因的分析，有针对性地加强教育引导，落实精准监管措施，切实消除社区矫正对象可能重新犯罪的因素，帮助他们成为守法公民。

案例三：上海市青浦区对缓刑社区矫正对象蔡某某教育帮扶案例

【社区矫正对象基本情况】

蔡某某，男，1963年2月出生，已婚，初中文化，户籍地为上海市青浦区，居住地为上海市青浦区。现为个体工商户，有嗜酒不良习惯，酒后情绪易激动，自控能力差，有过多次违法记录。2009年5月因嫖娼行为被上海市青浦公安分局行政拘留十日，2018年9月因故意伤害行为被上海市青浦公安分局行政拘留三日。2019年11月14日，蔡某某因故意伤害罪被上海市青浦区人民法院依法判处有期徒刑一年，缓刑一年，缓刑考验期自2019年11月30日起至2020年11月29日止，执行地司法所于2019年12月13日对其宣告纳管。

【对社区矫正对象依法实施教育帮扶情况】

（一）蔡某某社区矫正后存在的问题和需求

社区矫正对象蔡某某是离异后再婚，与前妻育有一子，与现任妻子育有一子；现任妻子因躲赌博欠债而长期居住生活在外地，夫妻俩长期处于两地分居状态；小儿子目前在上海市金山区上学（寄宿），只有学校放假才偶尔回来；其父母因年纪较大，居住在青浦区其他街镇。蔡某某因长期独自居住生活，与妻子长期分居，感情淡漠，与儿子沟通不多，导致其亲子关系比较疏离。并且其又嗜酒，长期与酒友厮混在一起，社交圈有不良人员，存在一定的不稳定因素。矫正小组成员根据蔡某某个人和家庭的实际情况进行分析评估后，认为其存在以下问题和帮扶需求：1. 表面看起来大大咧咧，但内心脆弱，缺乏自信，易受不良朋辈群体的影响。2. 法治意识淡薄，认为吵架无伤大雅，存在一定的侥幸心理。3. 嗜酒，且酒后自我控制行为的能力差，存在一定的安全隐患。4. 夫妻长期两地分居情感沟通较少，平时缺少家人关心，郁闷情绪不能及时得到舒缓，家庭支持系统较差，希望与妻子加强沟通，改善夫妻关系和亲子关系。

（二）针对性开展个别谈话教育和个案矫正

针对蔡某某存在的问题和需求，矫正小组成员为其量身制定了以下教育帮扶方案：1. 加强日常行为监管，迫使其树立起在刑意识，遵守好社区矫正各项监管规定，使其能平稳度过矫正期。2. 加强法治教育，灌输法律常识，不断增强其法治观念，筑牢在矫意识。3. 传授与家庭成员间的沟通技巧，提高其处理家庭问题的能力,帮助其改善与家庭成员的关系。4. 引导其积极参与社区活动,改变酒后不良行为习惯,提供心理疏导,提高其解决问题的能力。5. 针对其爱好运动的特点,鼓励其多进行体育锻炼,降低喝酒的频率,从而减少产生不良行为的次数,改变目前的生活状态。

在开展教育帮扶工作中,矫正小组成员通过走访蔡某某居住地居委会和帮教志愿者及查阅法律文书,对其基本情况有了一定程度的了解。考虑到蔡某某家庭支持系统较差,矫正小组成员在平时对其个别教育谈话中,尽量营造一种较为轻松、平等的氛围,使其感受到尊重和接纳,觉得司法所工作人员能够理解其目前的生活状态,从而逐渐获得其信任,建立起专业的帮教服务关系。由于蔡某某文化程度不高,法律意识淡薄,曾经有过多次违法经历,此次犯罪也是因为对法律的无知导致的,因此矫正小组成员注重加强对其的个别教育。一方面详细告知其社区矫正各项监管规定和新出台的相关法律法规,另一方面引导其多看、多读法治类电视节目和书籍。针对蔡某某嗜酒,习惯了每天独自或和酒友们一起大量饮酒,精神和身体状况较差,加之又长期与妻子两地分居,情感无法得到抒发,酒后自我控制行为较差的问题,矫正小组成员一方面协助其进行生活规划,改变目前生活状态;另一方面引导其控制喝酒的量,告知其小酌怡情,酗酒伤身的道理,让其每天给自己定一个饮酒量化指标,逐步递减,循序渐进,同时根据其曾经有跑步锻炼的习惯,鼓励其继续坚持,通过运动的方式进行减压,释放不良情绪,重新建立积极向上的精神面貌。

经过一段时间的努力,蔡某某饮酒的量已有明显下降,在体育锻炼的帮助下,其精神面貌也得到了改善,并且矫正小组成员还通过心理健康教育,组织蔡某某学习理解了如何正确认识自我,不断完善自我,如何提高处理家庭问题的能力,如何加强自我心理调节,改善家庭关系等方面的知识和技巧。通过运用心理学专业方法，逐渐矫正其不良心理和行为习惯，促进其个体身心健康，重新建立自信。最后矫正小组成员通过结构式家庭治疗模式的治疗技巧，帮助蔡某某改变家庭成员间的沟通交往方式，提升处理家庭问题的能力，逐步改善家庭关系，恢复家庭功能。当蔡某某告知矫正小组成员其妻子因赌博躲债长期生活在外面，夫妻俩长期两地分居生活，小儿子在上海市金山区上学，放假才偶尔回来，与儿子沟通很少等情况后，矫正小组成员就引导其平时多通过电话、微信从生活细节方面关心儿子，多和儿子沟通，增加父子间的共同话题，改善亲子关系。因其子与其妻经常有电话联系，其便可以通过儿子来加强与妻子的联系，了解妻子目前的状况，表达对家庭未来的规划，消除彼此的隔阂，改善夫妻关系，修复家庭情感。

2020年10月下旬，蔡某某高兴地告诉矫正小组成员，经过一段时间的沟通，其妻终于回到家中，夫妻两人经过深谈，愿意继续走下去，好好过日子。矫正小组成员于是趁热打铁，对蔡某某多次开展家庭走访，引导蔡某某和其家人改变原先的沟通交流方式，重新接纳彼此，恢复家庭功能。通过改变家庭成员间沟通和相处方式，消除彼此间的猜忌和隔阂，蔡某某和其家庭成员实现了重新接纳彼此，恢复家庭功能的目的。不久，蔡某某又告诉矫正小组成员，因其与他人合开的熟食店生意不好，夫妻两人决定自己开一家理发店，一起经营管理。这样一方面经济上能得到保障，另一方面夫妻俩能在一起生活，有助于增进夫妻间感情。矫正小组成员对其这个想法给予了积极肯定，并提醒其按照法律法规办理好相关证照登记手续，如果在办理过程中需要帮助，司法所一定会积极尽力协助解决相关问题。

（三）依法实施教育帮扶取得的效果

经过近一年的教育帮扶，社区矫正对象蔡某某在各方面都有了明显进步，具体表现为：能积极参加教育学习活动，愿意主动跟矫正小组成员讲述自己的生活动态；嗜酒、酗酒的不良生活行为习惯有了很大改变，目前基本能做到控制饮酒量，身体和精神面貌都焕然一新；懂得了通过体育运动的方式宣泄自己的不良情绪；学会了与家庭成员间的沟通相处方式，亲子关系、夫妻关系得到了很大改善；能积极参与各种集体活动，有了豁达开朗的人生态度，能勇敢面对自己的心理问题，明确认识到自己的梦想、目标和生活的价值；家庭功能都得以恢复正常，目前夫妻两人共同经营一家理发店，其与不良朋友也断绝了来往，家庭关系日趋缓和，夫妻俩表示今后会认认真真做生意，和和美美过日子，对今后的生活充满了信心。

【案例注解】

《中华人民共和国社区矫正法》第三十六条规定，对社区矫正对象的教育应当根据其个体特征、日常表现等实际情况，充分考虑其工作和生活情况，因人施教。

在本案中，矫正小组成员尝试运用认知行为治疗模式，以问题为导向，从认知、行为和情绪三方面对社区矫正对象进行干预，提升其个人的社会功能。通过认知、行为因素，采用综合的方式开展个案辅导，协助社区矫正对象建立自信。通过运用结构式家庭治疗模式，改变社区矫正对象家庭成员间的沟通交往方式，提高社区矫正对象处理家庭矛盾问题的能力，改善家庭关系，使社区矫正对象的生活有了很大的改善，达到了阶段性成效。

案例四：辽宁省鞍山市铁西区对暂予监外执行社区矫正对象秦某依法提请收监执行案例

【社区矫正对象基本情况】

社区矫正对象秦某，女，1986年9月出生，户籍地、居住地均为辽宁省鞍山市铁西区。2017年11月，因犯组织卖淫罪被山东省郯城县人民法院判处有期徒刑五年，并处罚金人民币30万元。因系怀孕、哺乳期妇女，分别于2018年9月12日、2019年9月10日、2020年4月30日被郯城县人民法院决定暂予监外执行。从2018年9月19日起在执行地受委托的司法所接受社区矫正。

【对社区矫正对象依法解除和终止社区矫正的情况】

（一）发现、认定行为

在社区矫正期间，秦某分别于2018年、2019年两次怀孕，生下两个孩子，2020年第三次怀孕。2020年12月1日秦某到受委托的司法所报到，工作人员与其沟通确认预产期是2020年12月。12月18日工作人员与秦某联系询问其身体情况，秦某口述12月5日已经在家把孩子生下。工作人员要求其提供与孩子合影的照片时，秦某说孩子刚出生就送人了，并且已经找不到该人。受委托的司法所工作人员认为秦某口述情况的真实性值得怀疑，立即报告铁西区社区矫正机构，决定开展调查取证工作。

（二）调查取证情况

对秦某做正式询问笔录时，其改口说12月5日孩子刚出生时就已经死亡，放在黑色塑料袋里扔进垃圾箱，但是上述情况无人能够证明。工作人员带秦某到铁西区人民医院进行妇科彩超、妇科内检、HCG 验血等一系列检查，医生根据检查结果得出结论，秦某体内未检测出自然分娩的相关指标。

经查，从 2020 年 5 月开始，秦某每月向执行地受委托的司法所提交妊娠检查的医学材料，出具材料的医院为居住地医院和居住地某镇卫生院。12 月 22 日至 12 月 23 日，铁西区司法局和司法所工作人员到居住地医院、居住地某镇卫生院进行走访调查，没有发现秦某在 2020 年期间的彩超检查记录。12 月 25 日，居住地医院和居住地某镇卫生院分别出具证明材料，证实秦某向受委托的司法所提供的 7 张超声医学影像报告单系伪造材料。此外，工作人员对秦某的丈夫、母亲、姐姐、表哥等利害关系人进行了询问，了解到秦某 2019 年已经流产的事实。

在这些有力的证据面前，秦某承认其在 2019 年 7 月就已经流产，交给司法所的体检报告都是伪造的，目的是逃避刑罚的执行。

（三）决定收监执行情况

据以上事实证据，秦某为了逃避刑罚伪造材料，性质恶劣，目前既不属于怀孕期妇女，也不属于正在哺乳自己婴儿的妇女，其暂予监外执行的情形消失，且刑期未满。铁西区社区矫正机构决定立即启动收监执行程序，制作提请收监执行审核表、收监执行建议书，与询问笔录、微信记录、医院检查材料、医院证明材料、详细情况说明等证据材料一并组卷，邮寄给郯城县人民法院，并将收监执行建议书抄送铁西区人民检察院。为防止秦某在此期间脱逃脱管，工作人员要求其每天到司法所报到，不定时拨打其定位手机，随时掌握秦某的动态行踪。

2021 年 1 月 5 日，郯城县人民法院作出了对秦某进行收监执行的决定，并将有关法律文书送达铁西区社区矫正机构，以及铁西区公安分局、铁西区人民检察院。1 月 14 日，铁西区社区矫正机构配合公安机关对秦某执行收监，将秦某押送至看守所隔离羁押。

【案例注解】

　　个别暂予监外执行社区矫正对象为了逃避刑罚，会绞尽脑汁想出各种手段和方法。该案例是 2020 年 7 月 1 日《中华人民共和国社区矫正法》施行后，鞍山市铁西区第一件收监执行案例，公检法相关单位也都是首次适用新的法律依据开展收监执行工作，为今后社区矫正监督管理工作的开展提供了范本和宝贵经验。

二、社区矫正工作常用法律文件

中华人民共和国社区矫正法

（2019年12月28日第十三届全国人民代表大会常务委员会第十五次会议通过　2019年12月28日中华人民共和国主席令第40号公布　自2020年7月1日起施行）

第一章　总　　则

第一条　为了推进和规范社区矫正工作，保障刑事判决、刑事裁定和暂予监外执行决定的正确执行，提高教育矫正质量，促进社区矫正对象顺利融入社会，预防和减少犯罪，根据宪法，制定本法。

第二条　对被判处管制、宣告缓刑、假释和暂予监外执行的罪犯，依法实行社区矫正。

对社区矫正对象的监督管理、教育帮扶等活动，适用本法。

第三条　社区矫正工作坚持监督管理与教育帮扶相结合，专门机关与社会力量相结合，采取分类管理、个别化矫正，有针对性地消除社区矫正对象可能重新犯罪的因素，帮助其成为守法公民。

第四条　社区矫正对象应当依法接受社区矫正，服从监督管理。

社区矫正工作应当依法进行，尊重和保障人权。社区矫正对象依法享有的人身权利、财产权利和其他权利不受侵犯，在就业、就学和享受社会保障等方面不受歧视。

第五条 国家支持社区矫正机构提高信息化水平，运用现代信息技术开展监督管理和教育帮扶。社区矫正工作相关部门之间依法进行信息共享。

第六条 各级人民政府应当将社区矫正经费列入本级政府预算。

居民委员会、村民委员会和其他社会组织依法协助社区矫正机构开展工作所需的经费应当按照规定列入社区矫正机构本级政府预算。

第七条 对在社区矫正工作中做出突出贡献的组织、个人，按照国家有关规定给予表彰、奖励。

第二章 机构、人员和职责

第八条 国务院司法行政部门主管全国的社区矫正工作。县级以上地方人民政府司法行政部门主管本行政区域内的社区矫正工作。

人民法院、人民检察院、公安机关和其他有关部门依照各自职责，依法做好社区矫正工作。人民检察院依法对社区矫正工作实行法律监督。

地方人民政府根据需要设立社区矫正委员会，负责统筹协调和指导本行政区域内的社区矫正工作。

第九条 县级以上地方人民政府根据需要设置社区矫正机构，负责社区矫正工作的具体实施。社区矫正机构的设置和撤销，由县级以上地方人民政府司法行政部门提出意见，按照规定的权限和程序审批。

司法所根据社区矫正机构的委托，承担社区矫正相关工作。

第十条　社区矫正机构应当配备具有法律等专业知识的专门国家工作人员（以下称社区矫正机构工作人员），履行监督管理、教育帮扶等执法职责。

第十一条　社区矫正机构根据需要，组织具有法律、教育、心理、社会工作等专业知识或者实践经验的社会工作者开展社区矫正相关工作。

第十二条　居民委员会、村民委员会依法协助社区矫正机构做好社区矫正工作。

社区矫正对象的监护人、家庭成员，所在单位或者就读学校应当协助社区矫正机构做好社区矫正工作。

第十三条　国家鼓励、支持企业事业单位、社会组织、志愿者等社会力量依法参与社区矫正工作。

第十四条　社区矫正机构工作人员应当严格遵守宪法和法律，忠于职守，严守纪律，清正廉洁。

第十五条　社区矫正机构工作人员和其他参与社区矫正工作的人员依法开展社区矫正工作，受法律保护。

第十六条　国家推进高素质的社区矫正工作队伍建设。社区矫正机构应当加强对社区矫正工作人员的管理、监督、培训和职业保障，不断提高社区矫正工作的规范化、专业化水平。

第三章　决定和接收

第十七条　社区矫正决定机关判处管制、宣告缓刑、裁定假释、决定或者批准暂予监外执行时应当确定社区矫正执行地。

社区矫正执行地为社区矫正对象的居住地。社区矫正对象在多个地方居住的，可以确定经常居住地为执行地。

社区矫正对象的居住地、经常居住地无法确定或者不适宜执行社区矫正的，社区矫正决定机关应当根据有利于社区矫正对象接受矫正、更好地融入社会的原则，确定执行地。

本法所称社区矫正决定机关，是指依法判处管制、宣告缓刑、裁定假释、决定暂予监外执行的人民法院和依法批准暂予监外执行的监狱管理机关、公安机关。

第十八条　社区矫正决定机关根据需要，可以委托社区矫正机构或者有关社会组织对被告人或者罪犯的社会危险性和对所居住社区的影响，进行调查评估，提出意见，供决定社区矫正时参考。居民委员会、村民委员会等组织应当提供必要的协助。

第十九条　社区矫正决定机关判处管制、宣告缓刑、裁定假释、决定或者批准暂予监外执行，应当按照刑法、刑事诉讼法等法律规定的条件和程序进行。

社区矫正决定机关应当对社区矫正对象进行教育，告知其在社区矫正期间应当遵守的规定以及违反规定的法律后果，责令其按时报到。

第二十条　社区矫正决定机关应当自判决、裁定或者决定生效之日起五日内通知执行地社区矫正机构，并在十日内送达有关法律文书，同时抄送人民检察院和执行地公安机关。社区矫正决定地与执行地不在同一地方的，由执行地社区矫正机构将法律文书转送所在地的人民检察院、公安机关。

第二十一条　人民法院判处管制、宣告缓刑、裁定假释的社区矫正对象，应当自判决、裁定生效之日起十日内到执行地社区矫正机构报到。

人民法院决定暂予监外执行的社区矫正对象，由看守所或者执行取保候审、监视居住的公安机关自收到决定之日起十日内将社区矫正对象移送社区矫正机构。

监狱管理机关、公安机关批准暂予监外执行的社区矫正对象，由监狱或者看守所自收到批准决定之日起十日内将社区矫正对象移送社区矫正机构。

第二十二条　社区矫正机构应当依法接收社区矫正对象,核对法律文书、核实身份、办理接收登记、建立档案,并宣告社区矫正对象的犯罪事实、执行社区矫正的期限以及应当遵守的规定。

第四章　监督管理

第二十三条　社区矫正对象在社区矫正期间应当遵守法律、行政法规,履行判决、裁定、暂予监外执行决定等法律文书确定的义务,遵守国务院司法行政部门关于报告、会客、外出、迁居、保外就医等监督管理规定,服从社区矫正机构的管理。

第二十四条　社区矫正机构应当根据裁判内容和社区矫正对象的性别、年龄、心理特点、健康状况、犯罪原因、犯罪类型、犯罪情节、悔罪表现等情况,制定有针对性的矫正方案,实现分类管理、个别化矫正。矫正方案应当根据社区矫正对象的表现等情况相应调整。

第二十五条　社区矫正机构应当根据社区矫正对象的情况,为其确定矫正小组,负责落实相应的矫正方案。

根据需要,矫正小组可以由司法所、居民委员会、村民委员会的人员,社区矫正对象的监护人、家庭成员,所在单位或者就读学校的人员以及社会工作者、志愿者等组成。社区矫正对象为女性的,矫正小组中应有女性成员。

第二十六条　社区矫正机构应当了解掌握社区矫正对象的活动情况和行为表现。社区矫正机构可以通过通信联络、信息化核查、实地查访等方式核实有关情况,有关单位和个人应当予以配合。

社区矫正机构开展实地查访等工作时,应当保护社区矫正对象的身份信息和个人隐私。

第二十七条　社区矫正对象离开所居住的市、县或者迁居，应当报经社区矫正机构批准。社区矫正机构对于有正当理由的，应当批准；对于因正常工作和生活需要经常性跨市、县活动的，可以根据情况，简化批准程序和方式。

因社区矫正对象迁居等原因需要变更执行地的，社区矫正机构应当按照有关规定作出变更决定。社区矫正机构作出变更决定后，应当通知社区矫正决定机关和变更后的社区矫正机构，并将有关法律文书抄送变更后的社区矫正机构。变更后的社区矫正机构应当将法律文书转送所在地的人民检察院、公安机关。

第二十八条　社区矫正机构根据社区矫正对象的表现，依照有关规定对其实施考核奖惩。社区矫正对象认罪悔罪、遵守法律法规、服从监督管理、接受教育表现突出的，应当给予表扬。社区矫正对象违反法律法规或者监督管理规定的，应当视情节依法给予训诫、警告、提请公安机关予以治安管理处罚，或者依法提请撤销缓刑、撤销假释、对暂予监外执行的收监执行。

对社区矫正对象的考核结果，可以作为认定其是否确有悔改表现或者是否严重违反监督管理规定的依据。

第二十九条　社区矫正对象有下列情形之一的，经县级司法行政部门负责人批准，可以使用电子定位装置，加强监督管理：

（一）违反人民法院禁止令的；

（二）无正当理由，未经批准离开所居住的市、县的；

（三）拒不按照规定报告自己的活动情况，被给予警告的；

（四）违反监督管理规定，被给予治安管理处罚的；

（五）拟提请撤销缓刑、假释或者暂予监外执行收监执行的。

前款规定的使用电子定位装置的期限不得超过三个月。对于不需要继续使用的，应当及时解除；对于期限届满后，经评估仍有必要继续使用的，经过批准，期限可以延长，每次不得超过三个月。

社区矫正机构对通过电子定位装置获得的信息应当严格保密，有关信息只能用于社区矫正工作，不得用于其他用途。

第三十条 社区矫正对象失去联系的，社区矫正机构应当立即组织查找，公安机关等有关单位和人员应当予以配合协助。查找到社区矫正对象后，应当区别情形依法作出处理。

第三十一条 社区矫正机构发现社区矫正对象正在实施违反监督管理规定的行为或者违反人民法院禁止令等违法行为的，应当立即制止；制止无效的，应当立即通知公安机关到场处置。

第三十二条 社区矫正对象有被依法决定拘留、强制隔离戒毒、采取刑事强制措施等限制人身自由情形的，有关机关应当及时通知社区矫正机构。

第三十三条 社区矫正对象符合刑法规定的减刑条件的，社区矫正机构应当向社区矫正执行地的中级以上人民法院提出减刑建议，并将减刑建议书抄送同级人民检察院。

人民法院应当在收到社区矫正机构的减刑建议书后三十日内作出裁定，并将裁定书送达社区矫正机构，同时抄送人民检察院、公安机关。

第三十四条 开展社区矫正工作，应当保障社区矫正对象的合法权益。社区矫正的措施和方法应当避免对社区矫正对象的正常工作和生活造成不必要的影响；非依法律规定，不得限制或者变相限制社区矫正对象的人身自由。

社区矫正对象认为其合法权益受到侵害的，有权向人民检察院或者有关机关申诉、控告和检举。受理机关应当及时办理，并将办理结果告知申诉人、控告人和检举人。

第五章 教育帮扶

第三十五条 县级以上地方人民政府及其有关部门应当通过多种形式为教育帮扶社区矫正对象提供必要的场所和条件，组织动员社会力量参与教育帮扶工作。

有关人民团体应当依法协助社区矫正机构做好教育帮扶工作。

第三十六条 社区矫正机构根据需要，对社区矫正对象进行法治、道德等教育，增强其法治观念，提高其道德素质和悔罪意识。

对社区矫正对象的教育应当根据其个体特征、日常表现等实际情况，充分考虑其工作和生活情况，因人施教。

第三十七条 社区矫正机构可以协调有关部门和单位，依法对就业困难的社区矫正对象开展职业技能培训、就业指导，帮助社区矫正对象中的在校学生完成学业。

第三十八条 居民委员会、村民委员会可以引导志愿者和社区群众，利用社区资源，采取多种形式，对有特殊困难的社区矫正对象进行必要的教育帮扶。

第三十九条 社区矫正对象的监护人、家庭成员，所在单位或者就读学校应当协助社区矫正机构做好对社区矫正对象的教育。

第四十条 社区矫正机构可以通过公开择优购买社区矫正社会工作服务或者其他社会服务，为社区矫正对象在教育、心理辅导、职业技能培训、社会关系改善等方面提供必要的帮扶。

社区矫正机构也可以通过项目委托社会组织等方式开展上述帮扶活动。国家鼓励有经验和资源的社会组织跨地区开展帮扶交流和示范活动。

第四十一条 国家鼓励企业事业单位、社会组织为社区矫正对象提供就业岗位和职业技能培训。招用符合条件的社区矫正对象的企业，按照规定享受国家优惠政策。

第四十二条 社区矫正机构可以根据社区矫正对象的个人特长，组织其参加公益活动，修复社会关系，培养社会责任感。

第四十三条 社区矫正对象可以按照国家有关规定申请社会救助、参加社会保险、获得法律援助，社区矫正机构应当给予必要的协助。

第六章 解除和终止

第四十四条 社区矫正对象矫正期满或者被赦免的，社区矫正机构应当向社区矫正对象发放解除社区矫正证明书，并通知社区矫正决定机关、所在地的人民检察院、公安机关。

第四十五条 社区矫正对象被裁定撤销缓刑、假释，被决定收监执行，或者社区矫正对象死亡的，社区矫正终止。

第四十六条 社区矫正对象具有刑法规定的撤销缓刑、假释情形的，应当由人民法院撤销缓刑、假释。

对于在考验期限内犯新罪或者发现判决宣告以前还有其他罪没有判决的，应当由审理该案件的人民法院撤销缓刑、假释，并书面通知原审人民法院和执行地社区矫正机构。

对于有第二款规定以外的其他需要撤销缓刑、假释情形的，社区矫正机构应当向原审人民法院或者执行地人民法院提出撤销缓刑、假释建议，并将建议书抄送人民检察院。社区矫正机构提出撤销缓刑、假释建议时，应当说明理由，并提供有关证据材料。

第四十七条 被提请撤销缓刑、假释的社区矫正对象可能逃跑或者可能发生社会危险的，社区矫正机构可以在提出撤销缓刑、假释建议的同时，提请人民法院决定对其予以逮捕。

人民法院应当在四十八小时内作出是否逮捕的决定。决定逮捕的，由公安机关执行。逮捕后的羁押期限不得超过三十日。

　　第四十八条　人民法院应当在收到社区矫正机构撤销缓刑、假释建议书后三十日内作出裁定，将裁定书送达社区矫正机构和公安机关，并抄送人民检察院。

　　人民法院拟撤销缓刑、假释的，应当听取社区矫正对象的申辩及其委托的律师的意见。

　　人民法院裁定撤销缓刑、假释的，公安机关应当及时将社区矫正对象送交监狱或者看守所执行。执行以前被逮捕的，羁押一日折抵刑期一日。

　　人民法院裁定不予撤销缓刑、假释的，对被逮捕的社区矫正对象，公安机关应当立即予以释放。

　　第四十九条　暂予监外执行的社区矫正对象具有刑事诉讼法规定的应当予以收监情形的，社区矫正机构应当向执行地或者原社区矫正决定机关提出收监执行建议，并将建议书抄送人民检察院。

　　社区矫正决定机关应当在收到建议书后三十日内作出决定，将决定书送达社区矫正机构和公安机关，并抄送人民检察院。

　　人民法院、公安机关对暂予监外执行的社区矫正对象决定收监执行的，由公安机关立即将社区矫正对象送交监狱或者看守所收监执行。

　　监狱管理机关对暂予监外执行的社区矫正对象决定收监执行的，监狱应当立即将社区矫正对象收监执行。

　　第五十条　被裁定撤销缓刑、假释和被决定收监执行的社区矫正对象逃跑的，由公安机关追捕，社区矫正机构、有关单位和个人予以协助。

　　第五十一条　社区矫正对象在社区矫正期间死亡的，其监护人、家庭成员应当及时向社区矫正机构报告。社区矫正机构应当及时通知社区矫正决定机关、所在地的人民检察院、公安机关。

第七章　未成年人社区矫正特别规定

第五十二条　社区矫正机构应当根据未成年社区矫正对象的年龄、心理特点、发育需要、成长经历、犯罪原因、家庭监护教育条件等情况，采取针对性的矫正措施。

社区矫正机构为未成年社区矫正对象确定矫正小组，应当吸收熟悉未成年人身心特点的人员参加。

对未成年人的社区矫正，应当与成年人分别进行。

第五十三条　未成年社区矫正对象的监护人应当履行监护责任，承担抚养、管教等义务。

监护人怠于履行监护职责的，社区矫正机构应当督促、教育其履行监护责任。监护人拒不履行监护职责的，通知有关部门依法作出处理。

第五十四条　社区矫正机构工作人员和其他依法参与社区矫正工作的人员对履行职责过程中获得的未成年人身份信息应当予以保密。

除司法机关办案需要或者有关单位根据国家规定查询外，未成年社区矫正对象的档案信息不得提供给任何单位或者个人。依法进行查询的单位，应当对获得的信息予以保密。

第五十五条　对未完成义务教育的未成年社区矫正对象，社区矫正机构应当通知并配合教育部门为其完成义务教育提供条件。未成年社区矫正对象的监护人应当依法保证其按时入学接受并完成义务教育。

年满十六周岁的社区矫正对象有就业意愿的，社区矫正机构可以协调有关部门和单位为其提供职业技能培训，给予就业指导和帮助。

第五十六条　共产主义青年团、妇女联合会、未成年人保护组织应当依法协助社区矫正机构做好未成年人社区矫正工作。

国家鼓励其他未成年人相关社会组织参与未成年人社区矫正工作，依法给予政策支持。

第五十七条　未成年社区矫正对象在复学、升学、就业等方面依法享有与其他未成年人同等的权利，任何单位和个人不得歧视。有歧视行为的，应当由教育、人力资源和社会保障等部门依法作出处理。

第五十八条　未成年社区矫正对象在社区矫正期间年满十八周岁的，继续按照未成年人社区矫正有关规定执行。

第八章　法律责任

第五十九条　社区矫正对象在社区矫正期间有违反监督管理规定行为的，由公安机关依照《中华人民共和国治安管理处罚法》的规定给予处罚；具有撤销缓刑、假释或者暂予监外执行收监情形的，应当依法作出处理。

第六十条　社区矫正对象殴打、威胁、侮辱、骚扰、报复社区矫正机构工作人员和其他依法参与社区矫正工作的人员及其近亲属，构成犯罪的，依法追究刑事责任；尚不构成犯罪的，由公安机关依法给予治安管理处罚。

第六十一条　社区矫正机构工作人员和其他国家工作人员有下列行为之一的，应当给予处分；构成犯罪的，依法追究刑事责任：

（一）利用职务或者工作便利索取、收受贿赂的；

（二）不履行法定职责的；

（三）体罚、虐待社区矫正对象，或者违反法律规定限制或者变相限制社区矫正对象的人身自由的；

（四）泄露社区矫正工作秘密或者其他依法应当保密的信息的；

（五）对依法申诉、控告或者检举的社区矫正对象进行打击报复的；

（六）有其他违纪违法行为的。

第六十二条　人民检察院发现社区矫正工作违反法律规定的，应当依法提出纠正意见、检察建议。有关单位应当将采纳纠正意见、检察建议的情况书面回复人民检察院，没有采纳的应当说明理由。

第九章　附　　则

第六十三条　本法自 2020 年 7 月 1 日起施行。

中华人民共和国社区矫正法实施办法

（2020 年 6 月 18 日　司发通〔2020〕59 号）

第一条　为了推进和规范社区矫正工作，根据《中华人民共和国刑法》《中华人民共和国刑事诉讼法》《中华人民共和国社区矫正法》等有关法律规定，制定本办法。

第二条　社区矫正工作坚持党的绝对领导，实行党委政府统一领导、司法行政机关组织实施、相关部门密切配合、社会力量广泛参与、检察机关法律监督的领导体制和工作机制。

第三条　地方人民政府根据需要设立社区矫正委员会，负责统筹协调和指导本行政区域内的社区矫正工作。

司法行政机关向社区矫正委员会报告社区矫正工作开展情况，提请社区矫正委员会协调解决社区矫正工作中的问题。

第四条 司法行政机关依法履行以下职责：

（一）主管本行政区域内社区矫正工作；

（二）对本行政区域内设置和撤销社区矫正机构提出意见；

（三）拟定社区矫正工作发展规划和管理制度，监督检查社区矫正法律法规和政策的执行情况；

（四）推动社会力量参与社区矫正工作；

（五）指导支持社区矫正机构提高信息化水平；

（六）对在社区矫正工作中作出突出贡献的组织、个人，按照国家有关规定给予表彰、奖励；

（七）协调推进高素质社区矫正工作队伍建设；

（八）其他依法应当履行的职责。

第五条 人民法院依法履行以下职责：

（一）拟判处管制、宣告缓刑、决定暂予监外执行的，可以委托社区矫正机构或者有关社会组织对被告人或者罪犯的社会危险性和对所居住社区的影响，进行调查评估，提出意见，供决定社区矫正时参考；

（二）对执行机关报请假释的，审查执行机关移送的罪犯假释后对所居住社区影响的调查评估意见；

（三）核实并确定社区矫正执行地；

（四）对被告人或者罪犯依法判处管制、宣告缓刑、裁定假释、决定暂予监外执行；

（五）对社区矫正对象进行教育，及时通知并送达法律文书；

（六）对符合撤销缓刑、撤销假释或者暂予监外执行收监执行条件的社区矫正对象，作出判决、裁定和决定；

（七）对社区矫正机构提请逮捕的，及时作出是否逮捕的决定；

（八）根据社区矫正机构提出的减刑建议作出裁定；

（九）其他依法应当履行的职责。

第六条 人民检察院依法履行以下职责：

（一）对社区矫正决定机关、社区矫正机构或者有关社会组织的调查评估活动实行法律监督；

（二）对社区矫正决定机关判处管制、宣告缓刑、裁定假释、决定或者批准暂予监外执行活动实行法律监督；

（三）对社区矫正法律文书及社区矫正对象交付执行活动实行法律监督；

（四）对监督管理、教育帮扶社区矫正对象的活动实行法律监督；

（五）对变更刑事执行、解除矫正和终止矫正的活动实行法律监督；

（六）受理申诉、控告和举报，维护社区矫正对象的合法权益；

（七）按照刑事诉讼法的规定，在对社区矫正实行法律监督中发现司法工作人员相关职务犯罪，可以立案侦查直接受理的案件；

（八）其他依法应当履行的职责。

第七条 公安机关依法履行以下职责：

（一）对看守所留所服刑罪犯拟暂予监外执行的，可以委托开展调查评估；

（二）对看守所留所服刑罪犯拟暂予监外执行的，核实并确定社区矫正执行地；对符合暂予监外执行条件的，批准暂予监外执行；对符合收监执行条件的，作出收监执行的决定；

（三）对看守所留所服刑罪犯批准暂予监外执行的，进行教育，及时通知并送达法律文书；依法将社区矫正对象交付执行；

（四）对社区矫正对象予以治安管理处罚；到场处置经社区矫正机构制止无效，正在实施违反监督管理规定或者违反人民法院禁止令等违法行为的社区矫正对象；协助社区矫正机构处置突发事件；

（五）协助社区矫正机构查找失去联系的社区矫正对象；执行人民法院作出的逮捕决定；被裁定撤销缓刑、撤销假释和被决定收监执行的社区矫正对象逃跑的，予以追捕；

（六）对裁定撤销缓刑、撤销假释，或者对人民法院、公安机关决定暂予监外执行收监的社区矫正对象，送交看守所或者监狱执行；

（七）执行限制社区矫正对象出境的措施；

（八）其他依法应当履行的职责。

第八条 监狱管理机关以及监狱依法履行以下职责：

（一）对监狱关押罪犯拟提请假释的，应当委托进行调查评估；对监狱关押罪犯拟暂予监外执行的，可以委托进行调查评估；

（二）对监狱关押罪犯拟暂予监外执行的，依法核实并确定社区矫正执行地；对符合暂予监外执行条件的，监狱管理机关作出暂予监外执行决定；

（三）对监狱关押罪犯批准暂予监外执行的，进行教育，及时通知并送达法律文书；依法将社区矫正对象交付执行；

（四）监狱管理机关对暂予监外执行罪犯决定收监执行的，原服刑或者接收其档案的监狱应当立即将罪犯收监执行；

（五）其他依法应当履行的职责。

第九条 社区矫正机构是县级以上地方人民政府根据需要设置的，负责社区矫正工作具体实施的执行机关。社区矫正机构依法履行以下职责：

（一）接受委托进行调查评估，提出评估意见；

（二）接收社区矫正对象，核对法律文书、核实身份、办理接收登记，建立档案；

（三）组织入矫和解矫宣告，办理入矫和解矫手续；

（四）建立矫正小组、组织矫正小组开展工作，制定和落实矫正方案；

（五）对社区矫正对象进行监督管理，实施考核奖惩；审批会客、外出、变更执行地等事项；了解掌握社区矫正对象的活动情况和行为表现；组织查找失去联系的社区矫正对象，查找后依情形作出处理；

（六）提出治安管理处罚建议，提出减刑、撤销缓刑、撤销假释、收监执行等变更刑事执行建议，依法提请逮捕；

（七）对社区矫正对象进行教育帮扶，开展法治道德等教育，协调有关方面开展职业技能培训、就业指导，组织公益活动等事项；

（八）向有关机关通报社区矫正对象情况，送达法律文书；

（九）对社区矫正工作人员开展管理、监督、培训，落实职业保障；

（十）其他依法应当履行的职责。

设置和撤销社区矫正机构，由县级以上地方人民政府司法行政部门提出意见，按照规定的权限和程序审批。社区矫正日常工作由县级社区矫正机构具体承担；未设置县级社区矫正机构的，由上一级社区矫正机构具体承担。省、市两级社区矫正机构主要负责监督指导、跨区域执法的组织协调以及与同级社区矫正决定机关对接的案件办理工作。

第十条 司法所根据社区矫正机构的委托，承担社区矫正相关工作。

第十一条 社区矫正机构依法加强信息化建设，运用现代信息技术开展监督管理和教育帮扶。

社区矫正工作相关部门之间依法进行信息共享，人民法院、人民检察院、公安机关、司法行政机关依法建立完善社区矫正信息交换平台，实现业务协同、互联互通，运用现代信息技术及时准确传输交换有关法律文书，根据需要实时查询社区矫正对象交付接收、监督管理、教育帮扶、脱离监管、被治安管理处罚、被采取强制措施、变更刑事执行、办理再犯罪案件等情况，共享社区矫正工作动态信息，提高社区矫正信息化水平。

第十二条 对拟适用社区矫正的，社区矫正决定机关应当核实社区矫正对象的居住地。社区矫正对象在多个地方居住的，可以确定经常居住地为执行地。没有居住地，居住地、经常居住地无法确定或者不适宜执行社区矫正的，应当根据有利于社区矫正对象接受矫正、更好地融入社会的原则，确定社区矫正执行地。被确定为执行地的社区矫正机构应当及时接收。

社区矫正对象的居住地是指其实际居住的县（市、区）。社区矫正对象的经常居住地是指其经常居住的，有固定住所、固定生活来源的县（市、区）。

社区矫正对象应如实提供其居住、户籍等情况，并提供必要的证明材料。

第十三条 社区矫正决定机关对拟适用社区矫正的被告人、罪犯，需要调查其社会危险性和对所居住社区影响的，可以委托拟确定为执行地的社区矫正机构或者有关社会组织进行调查评估。社区矫正机构或者有关社会组织收到委托文书后应当及时通知执行地县级人民检察院。

第十四条 社区矫正机构、有关社会组织接受委托后，应当对被告人或者罪犯的居所情况、家庭和社会关系、犯罪行为的后果和影响、居住地村（居）民委员会和被害人意见、拟禁止的事项、社会危险性、对所居住社区的影响等情况进行调查了解，形成调查评估意见，与相关材料一起提交委托机关。调查评估时，相关单位、部门、村（居）民委员会等组织、个人应当依法为调查评估提供必要的协助。

社区矫正机构、有关社会组织应当自收到调查评估委托函及所附材料之日起十个工作日内完成调查评估，提交评估意见。对于适用刑事案件速裁程序的，应当在五个工作日内完成调查评估，提交评估意见。评估意见同时抄送执行地县级人民检察院。需要延长调查评估时限的，社区矫正机构、有关社会组织应当与委托机关协商，并在协商确定的期限内完成调查评估。因被告人或者罪犯的姓名、居住地不真实、身份不明等原因，社区矫正机构、有关社会组织无法进行调查评估的，应当及时向委托机关说明情况。社区矫正决定机关对调查评估意见的采信情况，应当在相关法律文书中说明。

对调查评估意见以及调查中涉及的国家秘密、商业秘密、个人隐私等信息，应当保密，不得泄露。

第十五条　社区矫正决定机关应当对社区矫正对象进行教育，书面告知其到执行地县级社区矫正机构报到的时间期限以及逾期报到或者未报到的后果，责令其按时报到。

第十六条　社区矫正决定机关应当自判决、裁定或者决定生效之日起五日内通知执行地县级社区矫正机构，并在十日内将判决书、裁定书、决定书、执行通知书等法律文书送达执行地县级社区矫正机构，同时抄送人民检察院。收到法律文书后，社区矫正机构应当在五日内送达回执。

社区矫正对象前来报到时，执行地县级社区矫正机构未收到法律文书或者法律文书不齐全，应当先记录在案，为其办理登记接收手续，并通知社区矫正决定机关在五日内送达或者补齐法律文书。

第十七条　被判处管制、宣告缓刑、裁定假释的社区矫正对象到执行地县级社区矫正机构报到时，社区矫正机构应当核对法律文书、核实身份，办理登记接收手续。对社区矫正对象存在因行动不便、自行报到确有困难等特殊情况的，社区矫正机构可以派员到其居住地等场所办理登记接收手续。

暂予监外执行的社区矫正对象,由公安机关、监狱或者看守所依法移送至执行地县级社区矫正机构,办理交付接收手续。罪犯原服刑地与居住地不在同一省、自治区、直辖市,需要回居住地暂予监外执行的,原服刑地的省级以上监狱管理机关或者设区的市一级以上公安机关应当书面通知罪犯居住地的监狱管理机关、公安机关,由其指定一所监狱、看守所接收社区矫正对象档案,负责办理其收监、刑满释放等手续。对看守所留所服刑罪犯暂予监外执行,原服刑地与居住地在同一省、自治区、直辖市的,可以不移交档案。

第十八条 执行地县级社区矫正机构接收社区矫正对象后,应当建立社区矫正档案,包括以下内容:

(一)适用社区矫正的法律文书;

(二)接收、监管审批、奖惩、收监执行、解除矫正、终止矫正等有关社区矫正执行活动的法律文书;

(三)进行社区矫正的工作记录;

(四)社区矫正对象接受社区矫正的其他相关材料。

接受委托对社区矫正对象进行日常管理的司法所应当建立工作档案。

第十九条 执行地县级社区矫正机构、受委托的司法所应当为社区矫正对象确定矫正小组,与矫正小组签订矫正责任书,明确矫正小组成员的责任和义务,负责落实矫正方案。

矫正小组主要开展下列工作:

(一)按照矫正方案,开展个案矫正工作;

(二)督促社区矫正对象遵纪守法,遵守社区矫正规定;

(三)参与对社区矫正对象的考核评议和教育活动;

(四)对社区矫正对象走访谈话,了解其思想、工作和生活情况，及时向社区矫正机构或者司法所报告；

（五）协助对社区矫正对象进行监督管理和教育帮扶；

（六）协助社区矫正机构或者司法所开展其他工作。

第二十条　执行地县级社区矫正机构接收社区矫正对象后，应当组织或者委托司法所组织入矫宣告。

入矫宣告包括以下内容：

（一）判决书、裁定书、决定书、执行通知书等有关法律文书的主要内容；

（二）社区矫正期限；

（三）社区矫正对象应当遵守的规定、被剥夺或者限制行使的权利、被禁止的事项以及违反规定的法律后果；

（四）社区矫正对象依法享有的权利；

（五）矫正小组人员组成及职责；

（六）其他有关事项。

宣告由社区矫正机构或者司法所的工作人员主持，矫正小组成员及其他相关人员到场，按照规定程序进行。宣告后，社区矫正对象应当在书面材料上签字，确认已经了解所宣告的内容。

第二十一条　社区矫正机构应当根据社区矫正对象被判处管制、宣告缓刑、假释和暂予监外执行的不同裁判内容和犯罪类型、矫正阶段、再犯罪风险等情况，进行综合评估，划分不同类别，实施分类管理。

社区矫正机构应当把社区矫正对象的考核结果和奖惩情况作为分类管理的依据。

社区矫正机构对不同类别的社区矫正对象，在矫正措施和方法上应当有所区别，有针对性地开展监督管理和教育帮扶工作。

第二十二条　执行地县级社区矫正机构、受委托的司法所要根据社区矫正对象的性别、年龄、心理特点、健康状况、犯罪原因、悔罪表现等具体情况，制定矫正方案，有针对性地消除社区矫正对象可能重新犯罪的因素，帮助其成为守法公民。

矫正方案应当包括社区矫正对象基本情况、对社区矫正对象的综合评估结果、对社区矫正对象的心理状态和其他特殊情况的分析、拟采取的监督管理、教育帮扶措施等内容。

矫正方案应当根据分类管理的要求、实施效果以及社区矫正对象的表现等情况，相应调整。

第二十三条　执行地县级社区矫正机构、受委托的司法所应当根据社区矫正对象的个人生活、工作及所处社区的实际情况，有针对性地采取通信联络、信息化核查、实地查访等措施，了解掌握社区矫正对象的活动情况和行为表现。

第二十四条　社区矫正对象应当按照有关规定和社区矫正机构的要求，定期报告遵纪守法、接受监督管理、参加教育学习、公益活动和社会活动等情况。发生居所变化、工作变动、家庭重大变故以及接触对其矫正可能产生不利影响人员等情况时，应当及时报告。被宣告禁止令的社区矫正对象应当定期报告遵守禁止令的情况。

暂予监外执行的社区矫正对象应当每个月报告本人身体情况。保外就医的，应当到省级人民政府指定的医院检查，每三个月向执行地县级社区矫正机构、受委托的司法所提交病情复查情况。执行地县级社区矫正机构根据社区矫正对象的病情及保证人等情况，可以调整报告身体情况和提交复查情况的期限。延长一个月至三个月以下的，报上一级社区矫正机构批准；延长三个月以上的，逐级上报省级社区矫正机构批准。批准延长的，执行地县级社区矫正机构应当及时通报同级人民检察院。

社区矫正机构根据工作需要，可以协调对暂予监外执行的社区矫正对象进行病情诊断、妊娠检查或者生活不能自理的鉴别。

第二十五条 未经执行地县级社区矫正机构批准,社区矫正对象不得接触其犯罪案件中的被害人、控告人、举报人,不得接触同案犯等可能诱发其再犯罪的人。

第二十六条 社区矫正对象未经批准不得离开所居住市、县。确有正当理由需要离开的,应当经执行地县级社区矫正机构或者受委托的司法所批准。

社区矫正对象外出的正当理由是指就医、就学、参与诉讼、处理家庭或者工作重要事务等。

前款规定的市是指直辖市的城市市区、设区的市的城市市区和县级市的辖区。在设区的同一市内跨区活动的,不属于离开所居住的市、县。

第二十七条 社区矫正对象确需离开所居住的市、县的,一般应当提前三日提交书面申请,并如实提供诊断证明、单位证明、入学证明、法律文书等材料。

申请外出时间在七日内的,经执行地县级社区矫正机构委托,可以由司法所批准,并报执行地县级社区矫正机构备案;超过七日的,由执行地县级社区矫正机构批准。执行地县级社区矫正机构每次批准外出的时间不超过三十日。

因特殊情况确需外出超过三十日的,或者两个月内外出时间累计超过三十日的,应报上一级社区矫正机构审批。上一级社区矫正机构批准社区矫正对象外出的,执行地县级社区矫正机构应当及时通报同级人民检察院。

第二十八条 在社区矫正对象外出期间,执行地县级社区矫正机构、受委托的司法所应当通过电话通讯、实时视频等方式实施监督管理。

执行地县级社区矫正机构根据需要,可以协商外出目的地社区矫正机构协助监督管理,并要求社区矫正对象在到达和离开时向当地社区矫正机构报告，接受监督管理。外出目的地社区矫正机构在社区矫正对象报告后，可以通过电话通讯、实地查访等方式协助监督管理。

社区矫正对象应在外出期限届满前返回居住地，并向执行地县级社区矫正机构或者司法所报告，办理手续。因特殊原因无法按期返回的，应及时向社区矫正机构或者司法所报告情况。发现社区矫正对象违反外出管理规定的，社区矫正机构应当责令其立即返回，并视情节依法予以处理。

第二十九条 社区矫正对象确因正常工作和生活需要经常性跨市、县活动的，应当由本人提出书面申请，写明理由、经常性去往市县名称、时间、频次等，同时提供相应证明，由执行地县级社区矫正机构批准，批准一次的有效期为六个月。在批准的期限内，社区矫正对象到批准市、县活动的，可以通过电话、微信等方式报告活动情况。到期后，社区矫正对象仍需要经常性跨市、县活动的，应当重新提出申请。

第三十条 社区矫正对象因工作、居所变化等原因需要变更执行地的，一般应当提前一个月提出书面申请，并提供相应证明材料，由受委托的司法所签署意见后报执行地县级社区矫正机构审批。

执行地县级社区矫正机构收到申请后，应当在五日内书面征求新执行地县级社区矫正机构的意见。新执行地县级社区矫正机构接到征求意见函后，应当在五日内核实有关情况，作出是否同意接收的意见并书面回复。执行地县级社区矫正机构根据回复意见，作出决定。执行地县级社区矫正机构对新执行地县级社区矫正机构的回复意见有异议的，可以报上一级社区矫正机构协调解决。

经审核，执行地县级社区矫正机构不同意变更执行地的，应在决定作出之日起五日内告知社区矫正对象。同意变更执行地的，应对社区矫正对象进行教育，书面告知其到新执行地县级社区矫正机构报到的时间期限以及逾期报到或者未报到的后果，责令其按时报到。

第三十一条 同意变更执行地的，原执行地县级社区矫正机构应当在作出决定之日起五日内，将有关法律文书和档案材料移交新执行地县级社区矫正机构，并将有关法律文书抄送社区矫正决定机关和原执行地县级人民检察院、公安机关。新执行地县级社区矫正机构收到法律文书和档案材料后，在五日内送达回执，并将有关法律文书抄送所在地县级人民检察院、公安机关。

同意变更执行地的，社区矫正对象应当自收到变更执行地决定之日起七日内，到新执行地县级社区矫正机构报到。新执行地县级社区矫正机构应当核实身份、办理登记接收手续。发现社区矫正对象未按规定时间报到的，新执行地县级社区矫正机构应当立即通知原执行地县级社区矫正机构，由原执行地县级社区矫正机构组织查找。未及时办理交付接收，造成社区矫正对象脱管漏管的，原执行地社区矫正机构会同新执行地社区矫正机构妥善处置。

对公安机关、监狱管理机关批准暂予监外执行的社区矫正对象变更执行地的，公安机关、监狱管理机关在收到社区矫正机构送达的法律文书后，应与新执行地同级公安机关、监狱管理机关办理交接。新执行地的公安机关、监狱管理机关应指定一所看守所、监狱接收社区矫正对象档案，负责办理其收监、刑满释放等手续。看守所、监狱在接收档案之日起五日内，应当将有关情况通报新执行地县级社区矫正机构。对公安机关批准暂予监外执行的社区矫正对象在同一省、自治区、直辖市变更执行地的，可以不移交档案。

第三十二条 社区矫正机构应当根据有关法律法规、部门规章和其他规范性文件，建立内容全面、程序合理、易于操作的社区矫正对象考核奖惩制度。

社区矫正机构、受委托的司法所应当根据社区矫正对象认罪悔罪、遵守有关规定、服从监督管理、接受教育等情况，定期对其考核。对于符合表扬条件、具备训诫、警告情形的社区矫正对象，经执行地县级社区矫正机构决定，可以给予其相应奖励或者处罚，作出书面决定。对于涉嫌违反治安管理行为的社区矫正对象，执行地县级社区矫正机构可以向同级公安机关提出建议。社区矫正机构奖励或者处罚的书面决定应当抄送人民检察院。

社区矫正对象的考核结果与奖惩应当书面通知其本人，定期公示，记入档案，做到准确及时、公开公平。社区矫正对象对考核奖惩提出异议的，执行地县级社区矫正机构应当及时处理，并将处理结果告知社区矫正对象。社区矫正对象对处理结果仍有异议的，可以向人民检察院提出。

第三十三条 社区矫正对象认罪悔罪、遵守法律法规、服从监督管理、接受教育表现突出的，应当给予表扬。

社区矫正对象接受社区矫正六个月以上并且同时符合下列条件的，执行地县级社区矫正机构可以给予表扬：

（一）服从人民法院判决，认罪悔罪；

（二）遵守法律法规；

（三）遵守关于报告、会客、外出、迁居等规定，服从社区矫正机构的管理；

（四）积极参加教育学习等活动，接受教育矫正的。

社区矫正对象接受社区矫正期间，有见义勇为、抢险救灾等突出表现，或者帮助他人、服务社会等突出事迹的，执行地县级社区矫正机构可以给予表扬。对于符合法定减刑条件的，由执行地县级社区矫正机构依照本办法第四十二条的规定，提出减刑建议。

第三十四条 社区矫正对象具有下列情形之一的，执行地县级社区矫正机构应当给予训诫：

（一）不按规定时间报到或者接受社区矫正期间脱离监管，未超过十日的；

（二）违反关于报告、会客、外出、迁居等规定，情节轻微的；

（三）不按规定参加教育学习等活动，经教育仍不改正的；

（四）其他违反监督管理规定，情节轻微的。

第三十五条 社区矫正对象具有下列情形之一的，执行地县级社区矫正机构应当给予警告：

（一）违反人民法院禁止令，情节轻微的；

（二）不按规定时间报到或者接受社区矫正期间脱离监管，超过十日的；

（三）违反关于报告、会客、外出、迁居等规定，情节较重的；

（四）保外就医的社区矫正对象无正当理由不按时提交病情复查情况，经教育仍不改正的；

（五）受到社区矫正机构两次训诫，仍不改正的；

（六）其他违反监督管理规定，情节较重的。

第三十六条 社区矫正对象违反监督管理规定或者人民法院禁止令，依法应予治安管理处罚的，执行地县级社区矫正机构应当及时提请同级公安机关依法给予处罚，并向执行地同级人民检察院抄送治安管理处罚建议书副本，及时通知处理结果。

第三十七条 电子定位装置是指运用卫星等定位技术，能对社区矫正对象进行定位等监管，并具有防拆、防爆、防水等性能的专门的电子设备，如电子定位腕带等，但不包括手机等设备。

对社区矫正对象采取电子定位装置进行监督管理的，应当告知社区矫正对象监管的期限、要求以及违反监管规定的后果。

第三十八条 发现社区矫正对象失去联系的，社区矫正机构应当立即组织查找，可以采取通信联络、信息化核查、实地查访等方式查找，查找时要做好记录，固定证据。查找不到的，社区矫正机构应当及时通知公安机关，公安机关应当协助查找。社区矫正机构应当及时将组织查找的情况通报人民检察院。

查找到社区矫正对象后，社区矫正机构应当根据其脱离监管的情形，给予相应处置。虽能查找到社区矫正对象下落但其拒绝接受监督管理的，社区矫正机构应当视情节依法提请公安机关予以治安管理处罚，或者依法提请撤销缓刑、撤销假释、对暂予监外执行的收监执行。

第三十九条　社区矫正机构根据执行禁止令的需要，可以协调有关的部门、单位、场所、个人协助配合执行禁止令。

对禁止令确定需经批准才能进入的特定区域或者场所，社区矫正对象确需进入的，应当经执行地县级社区矫正机构批准，并通知原审人民法院和执行地县级人民检察院。

第四十条　发现社区矫正对象有违反监督管理规定或者人民法院禁止令等违法情形的，执行地县级社区矫正机构应当调查核实情况，收集有关证据材料，提出处理意见。

社区矫正机构发现社区矫正对象有撤销缓刑、撤销假释或者暂予监外执行收监执行的法定情形的，应当组织开展调查取证工作，依法向社区矫正决定机关提出撤销缓刑、撤销假释或者暂予监外执行收监执行建议，并将建议书抄送同级人民检察院。

第四十一条　社区矫正对象被依法决定行政拘留、司法拘留、强制隔离戒毒等或者因涉嫌犯新罪、发现判决宣告前还有其他罪没有判决被采取强制措施的，决定机关应当自作出决定之日起三日内将有关情况通知执行地县级社区矫正机构和执行地县级人民检察院。

第四十二条　社区矫正对象符合法定减刑条件的，由执行地县级社区矫正机构提出减刑建议书并附相关证据材料，报经地（市）社区矫正机构审核同意后，由地（市）社区矫正机构提请执行地的中级人民法院裁定。

依法应由高级人民法院裁定的减刑案件，由执行地县级社区矫正机构提出减刑建议书并附相关证据材料，逐级上报省级社区矫正机构审核同意后，由省级社区矫正机构提请执行地的高级人民法院裁定。

人民法院应当自收到减刑建议书和相关证据材料之日起三十日内依法裁定。

社区矫正机构减刑建议书和人民法院减刑裁定书副本，应当同时抄送社区矫正执行地同级人民检察院、公安机关及罪犯原服刑或者接收其档案的监狱。

第四十三条 社区矫正机构、受委托的司法所应当充分利用地方人民政府及其有关部门提供的教育帮扶场所和有关条件，按照因人施教的原则，有针对性地对社区矫正对象开展教育矫正活动。

社区矫正机构、司法所应当根据社区矫正对象的矫正阶段、犯罪类型、现实表现等实际情况，对其实施分类教育；应当结合社区矫正对象的个体特征、日常表现等具体情况，进行个别教育。

社区矫正机构、司法所根据需要可以采用集中教育、网上培训、实地参观等多种形式开展集体教育；组织社区矫正对象参加法治、道德等方面的教育活动；根据社区矫正对象的心理健康状况，对其开展心理健康教育、实施心理辅导。

社区矫正机构、司法所可以通过公开择优购买服务或者委托社会组织执行项目等方式，对社区矫正对象开展教育活动。

第四十四条 执行地县级社区矫正机构、受委托的司法所按照符合社会公共利益的原则，可以根据社区矫正对象的劳动能力、健康状况等情况，组织社区矫正对象参加公益活动。

第四十五条 执行地县级社区矫正机构、受委托的司法所依法协调有关部门和单位，根据职责分工，对遇到暂时生活困难的社区矫正对象提供临时救助；对就业困难的社区矫正对象提供职业技能培训和就业指导；帮助符合条件的社区矫正对象落实社会保障措施；协助在就学、法律援助等方面遇到困难的社区矫正对象解决问题。

第四十六条 社区矫正对象在缓刑考验期内，有下列情形之一的，由执行地同级社区矫正机构提出撤销缓刑建议：

（一）违反禁止令，情节严重的；

（二）无正当理由不按规定时间报到或者接受社区矫正期间脱离监管，超过一个月的；

（三）因违反监督管理规定受到治安管理处罚，仍不改正的；

（四）受到社区矫正机构两次警告，仍不改正的；

（五）其他违反有关法律、行政法规和监督管理规定，情节严重的情形。

社区矫正机构一般向原审人民法院提出撤销缓刑建议。如果原审人民法院与执行地同级社区矫正机构不在同一省、自治区、直辖市的，可以向执行地人民法院提出建议，执行地人民法院作出裁定的，裁定书同时抄送原审人民法院。

社区矫正机构撤销缓刑建议书和人民法院的裁定书副本同时抄送社区矫正执行地同级人民检察院。

第四十七条 社区矫正对象在假释考验期内，有下列情形之一的，由执行地同级社区矫正机构提出撤销假释建议：

（一）无正当理由不按规定时间报到或者接受社区矫正期间脱离监管，超过一个月的；

（二）受到社区矫正机构两次警告，仍不改正的；

（三）其他违反有关法律、行政法规和监督管理规定，尚未构成新的犯罪的。

社区矫正机构一般向原审人民法院提出撤销假释建议。如果原审人民法院与执行地同级社区矫正机构不在同一省、自治区、直辖市的,可以向执行地人民法院提出建议,执行地人民法院作出裁定的,裁定书同时抄送原审人民法院。

社区矫正机构撤销假释的建议书和人民法院的裁定书副本同时抄送社区矫正执行地同级人民检察院、公安机关、罪犯原服刑或者接收其档案的监狱。

第四十八条 被提请撤销缓刑、撤销假释的社区矫正对象具备下列情形之一的,社区矫正机构在提出撤销缓刑、撤销假释建议书的同时,提请人民法院决定对其予以逮捕:

(一)可能逃跑的;

(二)具有危害国家安全、公共安全、社会秩序或者他人人身安全现实危险的;

(三)可能对被害人、举报人、控告人或者社区矫正机构工作人员等实施报复行为的;

(四)可能实施新的犯罪的。

社区矫正机构提请人民法院决定逮捕社区矫正对象时,应当提供相应证据,移送人民法院审查决定。

社区矫正机构提请逮捕、人民法院作出是否逮捕决定的法律文书,应当同时抄送执行地县级人民检察院。

第四十九条 暂予监外执行的社区矫正对象有下列情形之一的,由执行地县级社区矫正机构提出收监执行建议:

(一)不符合暂予监外执行条件的;

(二)未经社区矫正机构批准擅自离开居住的市、县,经警告拒不改正,或者拒不报告行踪,脱离监管的;

(三)因违反监督管理规定受到治安管理处罚,仍不改正的;

(四)受到社区矫正机构两次警告的;

(五)保外就医期间不按规定提交病情复查情况,经警告拒不改正的；

（六）暂予监外执行的情形消失后，刑期未满的；

（七）保证人丧失保证条件或者因不履行义务被取消保证人资格，不能在规定期限内提出新的保证人的；

（八）其他违反有关法律、行政法规和监督管理规定，情节严重的情形。

社区矫正机构一般向执行地社区矫正决定机关提出收监执行建议。如果原社区矫正决定机关与执行地县级社区矫正机构在同一省、自治区、直辖市的，可以向原社区矫正决定机关提出建议。

社区矫正机构的收监执行建议书和决定机关的决定书，应当同时抄送执行地县级人民检察院。

第五十条 人民法院裁定撤销缓刑、撤销假释或者决定暂予监外执行收监执行的，由执行地县级公安机关本着就近、便利、安全的原则，送交社区矫正对象执行地所属的省、自治区、直辖市管辖范围内的看守所或者监狱执行刑罚。

公安机关决定暂予监外执行收监执行的，由执行地县级公安机关送交存放或者接收罪犯档案的看守所收监执行。

监狱管理机关决定暂予监外执行收监执行的，由存放或者接收罪犯档案的监狱收监执行。

第五十一条 撤销缓刑、撤销假释的裁定和收监执行的决定生效后，社区矫正对象下落不明的，应当认定为在逃。

被裁定撤销缓刑、撤销假释和被决定收监执行的社区矫正对象在逃的，由执行地县级公安机关负责追捕。撤销缓刑、撤销假释裁定书和对暂予监外执行罪犯收监执行决定书，可以作为公安机关追逃依据。

第五十二条 社区矫正机构应当建立突发事件处置机制，发现社区矫正对象非正常死亡、涉嫌实施犯罪、参与群体性事件的，应当立即与公安机关等有关部门协调联动、妥善处置，并将有关情况及时报告上一级社区矫正机构，同时通报执行地人民检察院。

第五十三条　社区矫正对象矫正期限届满，且在社区矫正期间没有应当撤销缓刑、撤销假释或者暂予监外执行收监执行情形的，社区矫正机构依法办理解除矫正手续。

社区矫正对象一般应当在社区矫正期满三十日前，作出个人总结，执行地县级社区矫正机构应当根据其在接受社区矫正期间的表现等情况作出书面鉴定，与安置帮教工作部门做好衔接工作。

执行地县级社区矫正机构应当向社区矫正对象发放解除社区矫正证明书，并书面通知社区矫正决定机关，同时抄送执行地县级人民检察院和公安机关。

公安机关、监狱管理机关决定暂予监外执行的社区矫正对象刑期届满的，由看守所、监狱依法为其办理刑满释放手续。

社区矫正对象被赦免的，社区矫正机构应当向社区矫正对象发放解除社区矫正证明书，依法办理解除矫正手续。

第五十四条　社区矫正对象矫正期满，执行地县级社区矫正机构或者受委托的司法所可以组织解除矫正宣告。

解矫宣告包括以下内容：

（一）宣读对社区矫正对象的鉴定意见；

（二）宣布社区矫正期限届满，依法解除社区矫正；

（三）对判处管制的，宣布执行期满，解除管制；对宣告缓刑的，宣布缓刑考验期满，原判刑罚不再执行；对裁定假释的，宣布考验期满，原判刑罚执行完毕。

宣告由社区矫正机构或者司法所工作人员主持，矫正小组成员及其他相关人员到场，按照规定程序进行。

第五十五条　社区矫正机构、受委托的司法所应当根据未成年社区矫正对象的年龄、心理特点、发育需要、成长经历、犯罪原因、家庭监护教育条件等情况，制定适应未成年人特点的矫正方案，采取有益于其身心健康发展、融入正常社会生活的矫正措施。

社区矫正机构、司法所对未成年社区矫正对象的相关信息应当保密。对未成年社区矫正对象的考核奖惩和宣告不公开进行。对未成年社区矫正对象进行宣告或者处罚时，应通知其监护人到场。

社区矫正机构、司法所应当选任熟悉未成年人身心特点，具有法律、教育、心理等专业知识的人员负责未成年人社区矫正工作，并通过加强培训、管理，提高专业化水平。

第五十六条 社区矫正工作人员的人身安全和职业尊严受法律保护。

对任何干涉社区矫正工作人员执法的行为，社区矫正工作人员有权拒绝，并按照规定如实记录和报告。对于侵犯社区矫正工作人员权利的行为，社区矫正工作人员有权提出控告。

社区矫正工作人员因依法履行职责遭受不实举报、诬告陷害、侮辱诽谤，致使名誉受到损害的，有关部门或者个人应当及时澄清事实，消除不良影响，并依法追究相关单位或者个人的责任。

对社区矫正工作人员追究法律责任，应当根据其行为的危害程度、造成的后果、以及责任大小予以确定，实事求是，过罚相当。社区矫正工作人员依法履职的，不能仅因社区矫正对象再犯罪而追究其法律责任。

第五十七条 有关单位对人民检察院的书面纠正意见在规定的期限内没有回复纠正情况的，人民检察院应当督促回复。经督促被监督单位仍不回复或者没有正当理由不纠正的，人民检察院应当向上一级人民检察院报告。

有关单位对人民检察院的检察建议在规定的期限内经督促无正当理由不予整改或者整改不到位的，检察机关可以将相关情况报告上级人民检察院，通报被建议单位的上级机关、行政主管部门或者行业自律组织等,必要时可以报告同级党委、人大,通报同级政府、纪检监察机关。

第五十八条 本办法所称"以上""内",包括本数;"以下""超过",不包括本数。

第五十九条 本办法自 2020 年 7 月 1 日起施行。最高人民法院、最高人民检察院、公安部、司法部 2012 年 1 月 10 日印发的《社区矫正实施办法》(司发通〔2012〕12 号)同时废止。

最高人民法院、最高人民检察院、公安部、司法部关于进一步加强社区矫正工作衔接配合管理的意见

(2016 年 8 月 30 日 司发通〔2016〕88 号)

为进一步加强社区矫正工作衔接配合,确保社区矫正依法适用、规范运行,根据刑法、刑事诉讼法以及最高人民法院、最高人民检察院、公安部、司法部《社区矫正实施办法》等有关规定,结合工作实际,制定本意见。

一、加强社区矫正适用前的衔接配合管理

1. 人民法院、人民检察院、公安机关、监狱对拟适用或者提请适用社区矫正的被告人、犯罪嫌疑人或者罪犯,需要调查其对所居住社区影响的,可以委托其居住地县级司法行政机关调查评估。对罪犯提请假释的,应当委托其居住地县级司法行政机关调查评估。对拟适用社区矫正的被告人或者罪犯,裁定或者决定机关应当核实其居住地。

委托调查评估时,委托机关应当发出调查评估委托函,并附下

列材料：

（1）人民法院委托时，应当附带起诉书或者自诉状；

（2）人民检察院委托时，应当附带起诉意见书；

（3）看守所、监狱委托时，应当附带判决书、裁定书、执行通知书、减刑裁定书复印件以及罪犯在服刑期间表现情况材料。

2. 调查评估委托函应当包括犯罪嫌疑人、被告人、罪犯及其家属等有关人员的姓名、住址、联系方式、案由以及委托机关的联系人、联系方式等内容。

调查评估委托函不得通过案件当事人、法定代理人、诉讼代理人或者其他利害关系人转交居住地县级司法行政机关。

3. 居住地县级司法行政机关应当自收到调查评估委托函及所附材料之日起10个工作日内完成调查评估，提交评估意见。对于适用刑事案件速裁程序的，居住地县级司法行政机关应当在5个工作日内完成调查评估，提交评估意见。评估意见同时抄送居住地县级人民检察院。

需要延长调查评估时限的，居住地县级司法行政机关应当与委托机关协商，并在协商确定的期限内完成调查评估。

调查评估意见应当客观公正反映被告人、犯罪嫌疑人、罪犯适用社区矫正对其所居住社区的影响。委托机关应当认真审查调查评估意见，作为依法适用或者提请适用社区矫正的参考。

4. 人民法院在作出暂予监外执行决定前征求人民检察院意见时，应当附罪犯的病情诊断、妊娠检查或者生活不能自理的鉴别意见等有关材料。

二、加强对社区服刑人员交付接收的衔接配合管理

5. 对于被判处管制、宣告缓刑、假释的罪犯，人民法院、看守所、监狱应当书面告知其到居住地县级司法行政机关报到的时间期限以及逾期报到的后果，并在规定期限内将有关法律文书送达居住地县级司法行政机关，同时抄送居住地县级人民检察院和公安机关。

社区服刑人员前来报到时，居住地县级司法行政机关未收到法律文书或者法律文书不齐全，可以先记录在案，并通知人民法院、监狱或者看守所在5日内送达或者补齐法律文书。

6. 人民法院决定暂予监外执行或者公安机关、监狱管理机关批准暂予监外执行的，交付时应当将罪犯的病情诊断、妊娠检查或者生活不能自理的鉴别意见等有关材料复印件一并送达居住地县级司法行政机关。

7. 人民法院、公安机关、司法行政机关在社区服刑人员交付接收工作中衔接脱节，或者社区服刑人员逃避监管、未按规定时间期限报到，造成没有及时执行社区矫正的，属于漏管。

8. 居住地社区矫正机构发现社区服刑人员漏管，应当及时组织查找，并由居住地县级司法行政机关通知有关人民法院、公安机关、监狱、居住地县级人民检察院。

社区服刑人员逃避监管、不按规定时间期限报到导致漏管的，居住地县级司法行政机关应当给予警告；符合收监执行条件的，依法提出撤销缓刑、撤销假释或者对暂予监外执行收监执行的建议。

9. 人民检察院应当加强对社区矫正交付接收中有关机关履职情况的监督，发现有下列情形之一的，依法提出纠正意见：

（1）人民法院、公安机关、监狱未依法送达交付执行法律文书，或者未向社区服刑人员履行法定告知义务；

（2）居住地县级司法行政机关依法应当接收社区服刑人员而未接收；

（3）社区服刑人员未在规定时间期限报到，居住地社区矫正机构未及时组织查找；

（4）人民法院决定暂予监外执行，未通知居住地社区矫正机构与有关公安机关，致使未办理交接手续；

（5）公安机关、监狱管理机关批准罪犯暂予监外执行，罪犯服刑的看守所、监狱未按规定与居住地社区矫正机构办理交接手续；

（6）其他未履行法定交付接收职责的情形。

三、加强对社区服刑人员监督管理的衔接配合

10. 社区服刑人员在社区矫正期间脱离居住地社区矫正机构的监督管理下落不明，或者虽能查找到其下落但拒绝接受监督管理的，属于脱管。

11. 居住地社区矫正机构发现社区服刑人员脱管，应当及时采取联系本人、其家属亲友，走访有关单位和人员等方式组织追查，做好记录，并由县级司法行政机关视情形依法给予警告、提请治安管理处罚、提请撤销缓刑、撤销假释或者对暂予监外执行的提请收监执行。

12. 人民检察院应当加强对社区矫正监督管理活动的监督，发现有下列情形之一的，依法提出纠正意见：

（1）社区服刑人员报到后，居住地县级司法行政机关未向社区服刑人员履行法定告知义务，致使其未按照有关规定接受监督管理；

（2）居住地社区矫正机构违反规定批准社区服刑人员离开所居住的市、县，或者违反人民法院禁止令的内容批准社区服刑人员进入特定区域或者场所；

（3）居住地县级司法行政机关对违反社区矫正规定的社区服刑人员，未依法给予警告、提请治安管理处罚；

（4）其他未履行法定监督管理职责的情形。

13. 司法行政机关应当会同人民法院、人民检察院、公安机关健全完善联席会议制度、情况通报制度，每月通报核对社区服刑人员人数变动、漏管脱管等数据信息，及时协调解决工作中出现的问题。

14. 司法行政机关应当建立完善社区服刑人员的信息交换平台，推动与人民法院、人民检察院、公安机关互联互通，利用网络及时准确传输交换有关法律文书，根据需要查询社区服刑人员脱管漏管、被治安管理处罚、犯罪等情况，共享社区矫正工作动态信息，实现网上办案、网上监管、网上监督。对社区服刑人员采用电子定位方式实施监督，应当采用相应技术，防止发生人机分离，提高监督管理的有效性和安全性。

15. 社区服刑人员被依法决定行政拘留、司法拘留、收容教育、强制隔离戒毒等或者因涉嫌犯新罪、发现判决宣告前还有其他罪没有判决被采取强制措施的，决定机关应当自作出决定之日起 3 日内将有关情况通知居住地县级司法行政机关和居住地县级人民检察院。

四、加强对社区服刑人员收监执行的衔接配合管理

16. 社区服刑人员符合收监执行条件的，居住地社区矫正机构应当及时按照规定，向原裁判人民法院或者公安机关、监狱管理机关送达撤销缓刑、撤销假释建议书或者对暂予监外执行的收监执行建议书并附相关证明材料。人民法院、公安机关、监狱管理机关应当在规定期限内依法作出裁定或者决定，并将法律文书送达居住地县级司法行政机关，同时抄送居住地县级人民检察院、公安机关。

17. 社区服刑人员因违反监督管理规定被依法撤销缓刑、撤销假释或者暂予监外执行被决定收监执行的，应当本着就近、便利、安全的原则，送交其居住地所属的省（区、市）的看守所、监狱执行刑罚。

18. 社区服刑人员被裁定撤销缓刑的，居住地社区矫正机构应当向看守所、监狱移交撤销缓刑裁定书和执行通知书、撤销缓刑建议书以及原判决书、裁定书和执行通知书、起诉书副本、结案登记表以及社区矫正期间表现情况等文书材料。

社区服刑人员被裁定撤销假释的,居住地社区矫正机构应当向看守所、监狱移交撤销假释裁定书和执行通知书,撤销假释建议书、社区矫正期间表现情况材料,原判决书、裁定书和执行通知书、起诉书副本、结案登记表复印件等文书材料。罪犯收监后,居住地社区矫正机构通知罪犯原服刑看守所、监狱将罪犯假释前的档案材料移交撤销假释后的服刑看守所、监狱。

暂予监外执行社区服刑人员被人民法院决定收监执行的,居住地社区矫正机构应当向看守所、监狱移交收监执行决定书和执行通知书以及原判决书、裁定书和执行通知书、起诉书副本、结案登记表、社区矫正期间表现等文书材料。

暂予监外执行社区服刑人员被公安机关、监狱管理机关决定收监执行的,居住地社区矫正机构应当向看守所、监狱移交社区服刑人员在接受矫正期间的表现情况等文书材料。

19. 撤销缓刑、撤销假释裁定书或者对暂予监外执行罪犯收监执行决定书应当在居住地社区矫正机构教育场所公示。属于未成年或者犯罪的时候不满十八周岁被判处五年有期徒刑以下刑罚的社区服刑人员除外。

20. 被裁定、决定收监执行的社区服刑人员在逃的,居住地社区矫正机构应当在收到人民法院、公安机关、监狱管理机关的裁定、决定后,立即通知居住地县级公安机关,由其负责实施追捕。

撤销缓刑、撤销假释裁定书和对暂予监外执行罪犯收监执行决定书,可以作为公安机关网上追逃依据。公安机关根据案情决定是否实施网上追逃。

21. 社区服刑人员被行政拘留、司法拘留、收容教育、强制隔离戒毒等行政处罚或者强制措施期间,人民法院、公安机关、监狱管理机关依法作出对其撤销缓刑、撤销假释的裁定或者收监执行决定的，居住地社区矫正机构应当将人民法院、公安机关、监狱管理机关的裁定书、决定书送交作出上述决定的机关，由有关部门依法收监执行刑罚。

22. 人民检察院应当加强对社区矫正收监执行活动的监督，发现有下列情形之一的，依法提出纠正意见：

（1）居住地县级司法行政机关未依法向人民法院、公安机关、监狱管理机关提出撤销缓刑、撤销假释建议或者对暂予监外执行的收监执行建议；

（2）人民法院、公安机关、监狱管理机关未依法作出裁定、决定，或者未依法送达；

（3）居住地县级司法行政机关、公安机关未依法将罪犯送交看守所、监狱，或者未依法移交被收监执行罪犯的文书材料；

（4）看守所、监狱未依法收监执行；

（5）公安机关未依法协助送交收监执行罪犯，或者未依法对在逃的收监执行罪犯实施追捕；

（6）其他违反收监执行规定的情形。

23. 对社区服刑人员实行社区矫正，本意见未明确的程序和事项，按照有关法律法规以及最高人民法院、最高人民检察院、公安部、司法部《社区矫正实施办法》，最高人民法院、最高人民检察院、公安部、司法部、国家卫生计生委《暂予监外执行规定》等执行。

24. 本意见自发布之日起施行。

最高人民法院、最高人民检察院、公安部、司法部关于对判处管制、宣告缓刑的犯罪分子适用禁止令有关问题的规定（试行）

(2011年4月28日　法发〔2011〕9号)

为正确适用《中华人民共和国刑法修正案（八）》，确保管制和缓刑的执行效果，根据刑法和刑事诉讼法的有关规定，现就判处管制、宣告缓刑的犯罪分子适用禁止令的有关问题规定如下：

第一条　对判处管制、宣告缓刑的犯罪分子，人民法院根据犯罪情况，认为从促进犯罪分子教育矫正、有效维护社会秩序的需要出发，确有必要禁止其在管制执行期间、缓刑考验期限内从事特定活动，进入特定区域、场所，接触特定人的，可以根据刑法第三十八条第二款、第七十二条第二款的规定，同时宣告禁止令。

第二条　人民法院宣告禁止令，应当根据犯罪分子的犯罪原因、犯罪性质、犯罪手段、犯罪后的悔罪表现、个人一贯表现等情况，充分考虑与犯罪分子所犯罪行的关联程度，有针对性地决定禁止其在管制执行期间、缓刑考验期限内"从事特定活动，进入特定区域、场所，接触特定的人"的一项或者几项内容。

第三条　人民法院可以根据犯罪情况，禁止判处管制、宣告缓刑的犯罪分子在管制执行期间、缓刑考验期限内从事以下一项或者几项活动：

（一）个人为进行违法犯罪活动而设立公司、企业、事业单位或者在设立公司、企业、事业单位后以实施犯罪为主要活动的，禁止设立公司、企业、事业单位；

（二）实施证券犯罪、贷款犯罪、票据犯罪、信用卡犯罪等金融犯罪的，禁止从事证券交易、申领贷款、使用票据或者申领、使用信用卡等金融活动；

（三）利用从事特定生产经营活动实施犯罪的，禁止从事相关生产经营活动；

（四）附带民事赔偿义务未履行完毕，违法所得未追缴、退赔到位，或者罚金尚未足额缴纳的，禁止从事高消费活动；

（五）其他确有必要禁止从事的活动。

第四条 人民法院可以根据犯罪情况，禁止判处管制、宣告缓刑的犯罪分子在管制执行期间、缓刑考验期限内进入以下一类或者几类区域、场所：

（一）禁止进入夜总会、酒吧、迪厅、网吧等娱乐场所；

（二）未经执行机关批准，禁止进入举办大型群众性活动的场所；

（三）禁止进入中小学校区、幼儿园园区及周边地区，确因本人就学、居住等原因，经执行机关批准的除外；

（四）其他确有必要禁止进入的区域、场所。

第五条 人民法院可以根据犯罪情况，禁止判处管制、宣告缓刑的犯罪分子在管制执行期间、缓刑考验期限内接触以下一类或者几类人员：

（一）未经对方同意，禁止接触被害人及其法定代理人、近亲属；

（二）未经对方同意，禁止接触证人及其法定代理人、近亲属；

（三）未经对方同意，禁止接触控告人、批评人、举报人及其法定代理人、近亲属；

（四）禁止接触同案犯；

（五）禁止接触其他可能遭受其侵害、滋扰的人或者可能诱发其再次危害社会的人。

第六条 禁止令的期限，既可以与管制执行、缓刑考验的期限相同，也可以短于管制执行、缓刑考验的期限，但判处管制的，禁止令的期限不得少于三个月，宣告缓刑的，禁止令的期限不得少于二个月。

判处管制的犯罪分子在判决执行以前先行羁押以致管制执行的期限少于三个月的，禁止令的期限不受前款规定的最短期限的限制。

禁止令的执行期限，从管制、缓刑执行之日起计算。

第七条 人民检察院在提起公诉时，对可能判处管制、宣告缓刑的被告人可以提出宣告禁止令的建议。当事人、辩护人、诉讼代理人可以就应否对被告人宣告禁止令提出意见，并说明理由。

公安机关在移送审查起诉时，可以根据犯罪嫌疑人涉嫌犯罪的情况，就应否宣告禁止令及宣告何种禁止令，向人民检察院提出意见。

第八条 人民法院对判处管制、宣告缓刑的被告人宣告禁止令的，应当在裁判文书主文部分单独作为一项予以宣告。

第九条 禁止令由司法行政机关指导管理的社区矫正机构负责执行。

第十条 人民检察院对社区矫正机构执行禁止令的活动实行监督。发现有违反法律规定的情况，应当通知社区矫正机构纠正。

第十一条 判处管制的犯罪分子违反禁止令，或者被宣告缓刑的犯罪分子违反禁止令尚不属情节严重的，由负责执行禁止令的社区矫正机构所在地的公安机关依照《中华人民共和国治安管理处罚法》第六十条的规定处罚。

第十二条 被宣告缓刑的犯罪分子违反禁止令，情节严重的，应当撤销缓刑，执行原判刑罚。原作出缓刑裁判的人民法院应当自收到当地社区矫正机构提出的撤销缓刑建议书之日起一个月内依法作出裁定。人民法院撤销缓刑的裁定一经作出,立即生效。

违反禁止令,具有下列情形之一的,应当认定为"情节严重":

(一)三次以上违反禁止令的;

(二)因违反禁止令被治安管理处罚后,再次违反禁止令的;

(三)违反禁止令,发生较为严重危害后果的;

(四)其他情节严重的情形。

第十三条 被宣告禁止令的犯罪分子被依法减刑时,禁止令的期限可以相应缩短,由人民法院在减刑裁定中确定新的禁止令期限。

暂予监外执行规定

(2014年10月24日 司发通〔2014〕112号)

第一条 为了规范暂予监外执行工作,严格依法适用暂予监外执行,根据刑事诉讼法、监狱法等有关规定,结合刑罚执行工作实际,制定本规定。

第二条 对罪犯适用暂予监外执行,分别由下列机关决定或者批准:

(一)在交付执行前,由人民法院决定;

(二)在监狱服刑的,由监狱审查同意后提请省级以上监狱管理机关批准;

(三)在看守所服刑的,由看守所审查同意后提请设区的市一级以上公安机关批准。

对有关职务犯罪罪犯适用暂予监外执行,还应当依照有关规定逐案报请备案审查。

第三条　对暂予监外执行的罪犯，依法实行社区矫正，由其居住地的社区矫正机构负责执行。

第四条　罪犯在暂予监外执行期间的生活、医疗和护理等费用自理。

罪犯在监狱、看守所服刑期间因参加劳动致伤、致残被暂予监外执行的，其出监、出所后的医疗补助、生活困难补助等费用，由其服刑所在的监狱、看守所按照国家有关规定办理。

第五条　对被判处有期徒刑、拘役或者已经减为有期徒刑的罪犯，有下列情形之一，可以暂予监外执行：

（一）患有属于本规定所附《保外就医严重疾病范围》的严重疾病，需要保外就医的；

（二）怀孕或者正在哺乳自己婴儿的妇女；

（三）生活不能自理的。

对被判处无期徒刑的罪犯，有前款第二项规定情形的，可以暂予监外执行。

第六条　对需要保外就医或者属于生活不能自理，但适用暂予监外执行可能有社会危险性，或者自伤自残，或者不配合治疗的罪犯，不得暂予监外执行。

对职务犯罪、破坏金融管理秩序和金融诈骗犯罪、组织（领导、参加、包庇、纵容）黑社会性质组织犯罪的罪犯适用保外就医应当从严审批，对患有高血压、糖尿病、心脏病等严重疾病，但经诊断短期内没有生命危险的，不得暂予监外执行。

对在暂予监外执行期间因违法违规被收监执行或者因重新犯罪被判刑的罪犯，需要再次适用暂予监外执行的，应当从严审批。

第七条　对需要保外就医或者属于生活不能自理的累犯以及故意杀人、强奸、抢劫、绑架、放火、爆炸、投放危险物质或者有组织的暴力性犯罪的罪犯，原被判处死刑缓期二年执行或者无期徒刑的,应当在减为有期徒刑后执行有期徒刑七年以上方可适用暂予监外执行;原被判处十年以上有期徒刑的,应当执行原判刑期三分之一以上方可适用暂予监外执行。

对未成年罪犯、六十五周岁以上的罪犯、残疾人罪犯,适用前款规定可以适度从宽。

对患有本规定所附《保外就医严重疾病范围》的严重疾病,短期内有生命危险的罪犯,可以不受本条第一款规定关于执行刑期的限制。

第八条 对在监狱、看守所服刑的罪犯需要暂予监外执行的,监狱、看守所应当组织对罪犯进行病情诊断、妊娠检查或者生活不能自理的鉴别。罪犯本人或者其亲属、监护人也可以向监狱、看守所提出书面申请。

监狱、看守所对拟提请暂予监外执行的罪犯,应当核实其居住地。需要调查其对所居住社区影响的,可以委托居住地县级司法行政机关进行调查。

监狱、看守所应当向人民检察院通报有关情况。人民检察院可以派员监督有关诊断、检查和鉴别活动。

第九条 对罪犯的病情诊断或者妊娠检查,应当委托省级人民政府指定的医院进行。医院出具的病情诊断或者检查证明文件,应当由两名具有副高以上专业技术职称的医师共同作出,经主管业务院长审核签名,加盖公章,并附化验单、影像学资料和病历等有关医疗文书复印件。

对罪犯生活不能自理情况的鉴别,由监狱、看守所组织有医疗专业人员参加的鉴别小组进行。鉴别意见由组织鉴别的监狱、看守所出具,参与鉴别的人员应当签名,监狱、看守所的负责人应当签名并加盖公章。

对罪犯进行病情诊断、妊娠检查或者生活不能自理的鉴别,与罪犯有亲属关系或者其他利害关系的医师、人员应当回避。

第十条 罪犯需要保外就医的,应当由罪犯本人或者其亲属、监护人提出保证人,保证人由监狱、看守所审查确定。

罪犯没有亲属、监护人的,可以由其居住地的村(居)民委员会、原所在单位或者社区矫正机构推荐保证人。

保证人应当向监狱、看守所提交保证书。

第十一条 保证人应当同时具备下列条件:

(一)具有完全民事行为能力,愿意承担保证人义务;

(二)人身自由未受到限制;

(三)有固定的住处和收入;

(四)能够与被保证人共同居住或者居住在同一市、县。

第十二条 罪犯在暂予监外执行期间,保证人应当履行下列义务:

(一)协助社区矫正机构监督被保证人遵守法律和有关规定;

(二)发现被保证人擅自离开居住的市、县或者变更居住地,或者有违法犯罪行为,或者需要保外就医情形消失,或者被保证人死亡的,立即向社区矫正机构报告;

(三)为被保证人的治疗、护理、复查以及正常生活提供帮助;

(四)督促和协助被保证人按照规定履行定期复查病情和向社区矫正机构报告的义务。

第十三条 监狱、看守所应当就是否对罪犯提请暂予监外执行进行审议。经审议决定对罪犯提请暂予监外执行的,应当在监狱、看守所内进行公示。对病情严重必须立即保外就医的,可以不公示,但应当在保外就医后三个工作日以内在监狱、看守所内公告。

公示无异议或者经审查异议不成立的,监狱、看守所应当填写暂予监外执行审批表,连同有关诊断、检查、鉴别材料、保证人的保证书,提请省级以上监狱管理机关或者设区的市一级以上公安机关批准。已委托进行核实、调查的，还应当附县级司法行政机关出具的调查评估意见书。

监狱、看守所审议暂予监外执行前，应当将相关材料抄送人民检察院。决定提请暂予监外执行的，监狱、看守所应当将提请暂予监外执行书面意见的副本和相关材料抄送人民检察院。人民检察院可以向决定或者批准暂予监外执行的机关提出书面意见。

第十四条 批准机关应当自收到监狱、看守所提请暂予监外执行材料之日起十五个工作日以内作出决定。批准暂予监外执行的，应当在五个工作日以内将暂予监外执行决定书送达监狱、看守所，同时抄送同级人民检察院、原判人民法院和罪犯居住地社区矫正机构。暂予监外执行决定书应当上网公开。不予批准暂予监外执行的，应当在五个工作日以内将不予批准暂予监外执行决定书送达监狱、看守所。

第十五条 监狱、看守所应当向罪犯发放暂予监外执行决定书，及时为罪犯办理出监、出所相关手续。

在罪犯离开监狱、看守所之前，监狱、看守所应当核实其居住地，书面通知其居住地社区矫正机构，并对其进行出监、出所教育，书面告知其在暂予监外执行期间应当遵守的法律和有关监督管理规定。罪犯应当在告知书上签名。

第十六条 监狱、看守所应当派员持暂予监外执行决定书及有关文书材料，将罪犯押送至居住地，与社区矫正机构办理交接手续。监狱、看守所应当及时将罪犯交接情况通报人民检察院。

第十七条 对符合暂予监外执行条件的，被告人及其辩护人有权向人民法院提出暂予监外执行的申请，看守所可以将有关情况通报人民法院。对被告人、罪犯的病情诊断、妊娠检查或者生活不能自理的鉴别，由人民法院依照本规定程序组织进行。

第十八条 人民法院应当在执行刑罚的有关法律文书依法送达

前，作出是否暂予监外执行的决定。

人民法院决定暂予监外执行的，应当制作暂予监外执行决定书，写明罪犯基本情况、判决确定的罪名和刑罚、决定暂予监外执行的原因、依据等，在判决生效后七日以内将暂予监外执行决定书送达看守所或者执行取保候审、监视居住的公安机关和罪犯居住地社区矫正机构，并抄送同级人民检察院。

人民法院决定不予暂予监外执行的，应当在执行刑罚的有关法律文书依法送达前，通知看守所或者执行取保候审、监视居住的公安机关，并告知同级人民检察院。监狱、看守所应当依法接收罪犯，执行刑罚。

人民法院在作出暂予监外执行决定前，应当征求人民检察院的意见。

第十九条　人民法院决定暂予监外执行，罪犯被羁押的，应当通知罪犯居住地社区矫正机构，社区矫正机构应当派员持暂予监外执行决定书及时与看守所办理交接手续，接收罪犯档案；罪犯被取保候审、监视居住的，由社区矫正机构与执行取保候审、监视居住的公安机关办理交接手续。

第二十条　罪犯原服刑地与居住地不在同一省、自治区、直辖市，需要回居住地暂予监外执行的，原服刑地的省级以上监狱管理机关或者设区的市一级以上公安机关监所管理部门应当书面通知罪犯居住地的监狱管理机关、公安机关监所管理部门，由其指定一所监狱、看守所接收罪犯档案，负责办理罪犯收监、刑满释放等手续，并及时书面通知罪犯居住地社区矫正机构。

第二十一条　社区矫正机构应当及时掌握暂予监外执行罪犯的身体状况以及疾病治疗等情况，每三个月审查保外就医罪犯的病情复查情况，并根据需要向批准、决定机关或者有关监狱、看守所反馈情况。

第二十二条　罪犯在暂予监外执行期间因犯新罪或者发现判决宣告以前还有其他罪没有判决的，侦查机关应当在对罪犯采取强制措施后二十四小时以内，将有关情况通知罪犯居住地社区矫正机构；人民法院应当在判决、裁定生效后，及时将判决、裁定的结果通知罪犯居住地社区矫正机构和罪犯原服刑或者接收其档案的监狱、看守所。

罪犯按前款规定被判处监禁刑罚后，应当由原服刑的监狱、看守所收监执行；原服刑的监狱、看守所与接收其档案的监狱、看守所不一致的，应当由接收其档案的监狱、看守所收监执行。

第二十三条　社区矫正机构发现暂予监外执行罪犯依法应予收监执行的，应当提出收监执行的建议，经县级司法行政机关审核同意后，报决定或者批准机关。决定或者批准机关应当进行审查，作出收监执行决定的，将有关的法律文书送达罪犯居住地县级司法行政机关和原服刑或者接收其档案的监狱、看守所，并抄送同级人民检察院、公安机关和原判人民法院。

人民检察院发现暂予监外执行罪犯依法应予收监执行而未收监执行的，由决定或者批准机关同级的人民检察院向决定或者批准机关提出收监执行的检察建议。

第二十四条　人民法院对暂予监外执行罪犯决定收监执行的，决定暂予监外执行时剩余刑期在三个月以下的，由居住地公安机关送交看守所收监执行；决定暂予监外执行时剩余刑期在三个月以上的，由居住地公安机关送交监狱收监执行。

监狱管理机关对暂予监外执行罪犯决定收监执行的，原服刑或者接收其档案的监狱应当立即赴羁押地将罪犯收监执行。

公安机关对暂予监外执行罪犯决定收监执行的，由罪犯居住地看守所将罪犯收监执行。

监狱、看守所将罪犯收监执行后，应当将收监执行的情况报告决定或者批准机关，并告知罪犯居住地县级人民检察院和原判人民法院。

第二十五条 被决定收监执行的罪犯在逃的，由罪犯居住地县级公安机关负责追捕。公安机关将罪犯抓捕后，依法送交监狱、看守所执行刑罚。

第二十六条 被收监执行的罪犯有法律规定的不计入执行刑期情形的，社区矫正机构应当在收监执行建议书中说明情况，并附有关证明材料。批准机关进行审核后，应当及时通知监狱、看守所向所在地的中级人民法院提出不计入执行刑期的建议书。人民法院应当自收到建议书之日起一个月以内依法对罪犯的刑期重新计算作出裁定。

人民法院决定暂予监外执行的，在决定收监执行的同时应当确定不计入刑期的期间。

人民法院应当将有关的法律文书送达监狱、看守所，同时抄送同级人民检察院。

第二十七条 罪犯暂予监外执行后，刑期即将届满的，社区矫正机构应当在罪犯刑期届满前一个月以内，书面通知罪犯原服刑或者接收其档案的监狱、看守所按期办理刑满释放手续。

人民法院决定暂予监外执行罪犯刑期届满的，社区矫正机构应当及时解除社区矫正，向其发放解除社区矫正证明书，并将有关情况通报原判人民法院。

第二十八条 罪犯在暂予监外执行期间死亡的，社区矫正机构应当自发现之日起五日以内，书面通知决定或者批准机关，并将有关死亡证明材料送达罪犯原服刑或者接收其档案的监狱、看守所，同时抄送罪犯居住地同级人民检察院。

第二十九条 人民检察院发现暂予监外执行的决定或者批准机关、监狱、看守所、社区矫正机构有违法情形的，应当依法提出纠正意见。

第三十条　人民检察院认为暂予监外执行不当的，应当自接到决定书之日起一个月以内将书面意见送交决定或者批准暂予监外执行的机关，决定或者批准暂予监外执行的机关接到人民检察院的书面意见后，应当立即对该决定进行重新核查。

第三十一条　人民检察院可以向有关机关、单位调阅有关材料、档案，可以调查、核实有关情况，有关机关、单位和人员应当予以配合。

人民检察院认为必要时，可以自行组织或者要求人民法院、监狱、看守所对罪犯重新组织进行诊断、检查或者鉴别。

第三十二条　在暂予监外执行执法工作中，司法工作人员或者从事诊断、检查、鉴别等工作的相关人员有玩忽职守、徇私舞弊、滥用职权等违法违纪行为的，依法给予相应的处分；构成犯罪的，依法追究刑事责任。

第三十三条　本规定所称生活不能自理，是指罪犯因患病、身体残疾或者年老体弱，日常生活行为需要他人协助才能完成的情形。

生活不能自理的鉴别参照《劳动能力鉴定-职工工伤与职业病致残等级分级》（GB/T 16180-2006）执行。进食、翻身、大小便、穿衣洗漱、自主行动等五项日常生活行为中有三项需要他人协助才能完成，且经过六个月以上治疗、护理和观察，自理能力不能恢复的，可以认定为生活不能自理。六十五周岁以上的罪犯，上述五项日常生活行为有一项需要他人协助才能完成即可视为生活不能自理。

第三十四条　本规定自 2014 年 12 月 1 日起施行。最高人民检察院、公安部、司法部 1990 年 12 月 31 日发布的《罪犯保外就医执行办法》同时废止。

附件：保外就医严重疾病范围（略）

司法部、中央综治办、教育部、民政部、财政部、人力资源社会保障部关于组织社会力量参与社区矫正工作的意见

(2014年9月26日　司发〔2014〕14号)

各省、自治区、直辖市司法厅（局）、综治办、教育厅（教委）、民政厅（局）、财政厅（局）、人力资源社会保障厅（局），新疆生产建设兵团司法局、综治办、教育局、民政局、财务局、人力资源社会保障局：

社区矫正是我国的一项重要法律制度，是将管制、缓刑、假释、暂予监外执行的罪犯置于社区内，由专门的国家机关在相关人民团体、社会组织和社会志愿者的协助下，在判决、裁定或决定确定的期限内，矫正其犯罪心理和行为恶习，促进其顺利回归社会的刑罚执行活动。社区矫正是深化司法体制改革和社会体制改革的重要内容，是法治中国建设的重要方面，社会力量的参与则是健全社区矫正制度、落实社区矫正任务的内在要求。为认真贯彻党的十八届三中、四中全会关于健全社区矫正制度的要求，根据中央领导同志的指示和社区矫正工作全面推进的实际，现就组织社会力量参与社区矫正工作提出如下意见。

一、充分认识社会力量参与社区矫正工作的重要性

我国的社区矫正从2003年起经过试点、扩大试点、全面试行两个阶段，目前已进入全面推进阶段。社区矫正把符合法定条件的罪犯放在社会上监督管理和教育改造，社会力量广泛参与是其显著特征。在工作力量上，既要有专职执法队伍，也要广泛动员社会工

作者、志愿者以及社会组织、所在单位学校、家庭成员等各种社会力量，共同做好社区矫正工作；在工作方法上，需要充分发挥专业组织、专业人员的作用，综合运用社会学、心理学、教育学、法学、社会工作等专业知识，实现科学矫正；在工作体系和工作机制上，需要依托村居，依靠基层组织，充分发挥各有关部门的职能作用，落实相关政策和措施，为社区服刑人员顺利回归社会创造条件。社区矫正工作开展以来，各地始终坚持紧紧依靠基层组织，广泛发动人民群众参与社区矫正工作，从实际出发，积极研究探索采取政府购买服务的方式，充实社区矫正机构工作人员，发展壮大社会工作者、志愿者队伍，专群结合开展社区矫正工作，取得了良好效果。目前全国从事社区矫正工作的社会工作者 7.9 万人，社会志愿者 64.2 万人。我国社会力量参与社区矫正工作取得了明显成效，但还存在着制度不健全、政策不完善、规模范围小、人员力量不足等问题，与社区矫正工作全面推进的要求相比尚不适应。新形势下，进一步鼓励引导社会力量参与社区矫正，是完善我国非监禁刑罚执行制度，健全社区矫正制度的客观需要；是提高教育矫正质量，促进社区服刑人员更好地融入社会的客观需要；是创新特殊人群管理服务，充分发挥社会主义制度优越性，预防和减少重新犯罪，维护社会和谐稳定的客观需要。我们要切实增强责任感和紧迫感，从政策制度上研究采取措施，充分发挥社会力量参与社区矫正工作的积极作用。

二、进一步鼓励引导社会力量参与社区矫正工作

（一）引导政府向社会力量购买社区矫正社会工作服务。司法行政部门、民政部门可根据职责分工，按照有利于转变政府职能、有利于降低服务成本、有利于提升服务质量和资金效益的原则，公开择优向社会力量购买社区矫正社会工作服务。要明确购买服务的数量、质量要求以及服务期限、资金支付方式、违约责任等，加强购买服务资金管理，指导督促服务承接机构履行合同义务，保证服务数量、质量和效果。

（二）鼓励引导社会组织参与社区矫正工作。鼓励社区矫正机构将疏导心理情绪、纠正行为偏差、修复与家庭和社区关系、恢复和发展社会功能、引导就学就业等项目，通过多种方式向具有社区矫正服务能力的社会组织购买服务。提供社区矫正服务的社会组织符合规定条件的可以享受相应的税收优惠政策。要引导其完善内部治理结构，加强服务队伍建设，提升在社区矫正领域提供社会工作专业服务的水平。鼓励热心于社区矫正事业的社会组织参与社区矫正工作，为社区服刑人员提供社会工作专业服务。司法行政部门通过建立完善社会组织参与社区矫正工作的机制和渠道，及时提供需求信息，为社会组织参与社区矫正创造条件、提供便利。

（三）发挥基层群众性自治组织的作用。村（居）民委员会是协助开展社区矫正工作的重要力量。村（居）民委员会应发挥其贴近社区服刑人员日常工作、生活的优势，及时掌握社区服刑人员的思想动向和行为表现，积极协助社区矫正机构做好社区服刑人员的困难帮扶、社区服务等工作，及时向社区矫正机构反映社区服刑人员情况，发动引导社区社会组织、志愿者和居民群众广泛参与社区矫正工作，扩大交往融合，促进社区服刑人员融入社区、回归社会。要按照"权随责走、费随事转"的要求，为村（居）民委员会落实协助开展社区矫正工作的经费。各级民政部门要将社区矫正工作纳入社区服务体系建设规划，加强城乡社区综合服务设施建设和社区公共服务综合信息平台建设，指导村（居）民委员会协助、参与社区矫正工作。

（四）鼓励企事业单位参与社区矫正工作。积极动员企事业单位参与社区矫正工作，通过捐赠物资、提供工作岗位、提供技能培训、提供专业服务等方式，为社区服刑人员回归社会提供帮助。录用符合条件社区服刑人员的企业按规定享受国家普惠政策。

（五）切实加强社区矫正志愿者队伍建设。社区矫正志愿者是热心社区矫正工作，自愿无偿协助对社区服刑人员开展法制教育、心理辅导、社会认知教育、技能培训等工作的人员。要广泛宣传、普及社区矫正志愿服务理念，切实发挥志愿者在社区矫正工作中的作用，建立社会工作者引领志愿者开展服务机制，扎实推进社区矫正志愿者注册和志愿服务记录工作，有计划、分层次、多形式地开展知识与技能培训，提升社区矫正志愿者服务的专业化水平，着力培育有一定专业特长、参与面广、服务功能强、作用发挥好的社区矫正志愿者队伍。对工作成绩显著的社区矫正志愿者，依国家规定给予表彰，形成有利于志愿者开展工作的良好氛围。鼓励企事业单位、公益慈善组织和公民个人对社区矫正志愿服务活动进行资助，形成多渠道、多元化的筹资机制。

（六）进一步加强矫正小组建设。矫正小组是组织动员社会力量参与社区矫正工作的重要平台。社区矫正机构按照规定为每一名社区服刑人员建立矫正小组，组织有关部门、村（居）民委员会、社会工作者、志愿者、社区服刑人员所在单位、就读学校、家庭成员或者监护人、保证人以及其他有关人员共同参与，落实社区矫正措施。矫正小组要因案制宜，因人制宜，融法律约束、道德引导、亲情感化为一体，促进社区服刑人员顺利融入社会。

三、做好政府已公开招聘的社区矫正社会工作者的保障工作

对于社区矫正工作试点以来已由政府有关部门公开招聘的社区矫正社会工作者，可依据国家有关规定享受相应的工作待遇，按照社会保险制度规定，按时足额缴纳社会保险费，实现应保尽保，保障其合法权益，并通过政府购买服务方式实行规范管理。鼓励其参加人力资源和社会保障部、民政部组织的全国社会工作者职业水平评价，用人单位可以根据需要对已取得全国社会工作者职业水平证书的人员通过竞聘上岗聘任相应级别专业技术职务。人力资源和社会保障部门支持民政部门、司法行政部门为其提供公益性和示范性业务培训平台,以实施专业技术人才知识更新工程为契机,进一步加大教育培训力度,完善教育培训政策。工作表现突出的,由主办单位按程序报批进行表彰,人力资源和社会保障部门积极配合做好表彰工作。

四、着力解决社区服刑人员就业就学和社会救助、社会保险等问题

(一)促进就业。人力资源和社会保障部门负责对有需求的社区服刑人员进行职业技能培训,并将其纳入本地职业技能培训总体规划。符合条件的社区服刑人员可以申请享受相关就业扶持政策,接受公共就业服务机构提供的职业指导和职业介绍等服务。

(二)帮助接受教育。对于未完成义务教育的未成年社区服刑人员,司法行政部门应当配合教育部门,协调并督促其法定监护人,帮助其接受义务教育。对于非义务教育阶段有就学意愿的社区服刑人员,地方教育部门应当对其予以鼓励和支持。

(三)做好基本生活救助。民政部门对基本生活暂时出现严重困难、确实需要救助的社区服刑人员依法给予临时救助。将生活困难、符合最低生活保障条件的社区服刑人员家庭依法纳入最低生活保障范围。

(四)落实社会保险。已参加企业职工基本养老保险并实现再就业或已参加城乡居民基本养老保险的,按规定继续参保缴费,达到法定退休年龄或养老保险待遇领取年龄的,可按规定领取相应基本养老金,但服刑期间不参与基本养老金调整。社区服刑人员可按规定执行基本医疗保险等有关医疗保障政策,享受相应待遇。符合申领失业保险金条件的社区服刑人员,可按规定享受失业保险待遇。

五、进一步加强对社会力量参与社区矫正工作的组织领导

各地要把进一步鼓励引导社会力量参与社区矫正提上重要议事日程，立足实际建立完善社会力量参与社区矫正的政策措施和制度办法。要紧紧依靠党委政府的领导，加强部门之间的沟通协调和衔接配合，做到各负其责、齐抓共管，落实社会力量参与社区矫正工作的各项政策措施。要将政府购买服务参与社区矫正工作的资金列入地方财政预算。各级综治组织要按照中央要求，进一步健全基层综合服务管理平台，进一步组织社会力量，整合各方资源，积极参与社区矫正工作。司法行政部门要充分发挥职能作用，主动协调各有关部门完善政策，健全制度，引导社会力量更多地投入社区矫正工作。要总结推广社会力量参与社区矫正的成功经验。积极发挥各类新闻媒体作用，加强对社会力量参与社区矫正工作成就的宣传，按照国家有关规定表彰社会力量参与社区矫正工作中涌现出来的先进事迹和先进典型，为全面推进社区矫正工作，维护社会和谐稳定做出积极贡献。

图书在版编目（CIP）数据

社区矫正对象法律常识案例解答手册/《社区矫正工作法律实务丛书》编写组编．— 北京：中国法制出版社，2023.9
（社区矫正工作法律实务丛书）
ISBN 978-7-5216-3357-3

Ⅰ.①社… Ⅱ.①社… Ⅲ.①社区-监督改造-案例-中国 Ⅳ.①D926.75

中国国家版本馆 CIP 数据核字（2023）第 044009 号

责任编辑：周琼妮（zqn-zqn@126.com）　　　　　　封面设计：杨泽江

社区矫正对象法律常识案例解答手册
SHEQU JIAOZHENG DUIXIANG FALÜ CHANGSHI ANLI JIEDA SHOUCE

编者/《社区矫正工作法律实务丛书》编写组
经销/新华书店
印刷/三河市国英印务有限公司
开本/880 毫米×1230 毫米　32 开　　　　　　　印张/9.25　字数/181 千
版次/2023 年 9 月第 1 版　　　　　　　　　　　 2023 年 9 月第 1 次印刷

中国法制出版社出版
书号 ISBN 978-7-5216-3357-3　　　　　　　　　　　　　定价：45.00 元

北京市西城区西便门西里甲 16 号西便门办公区
邮政编码：100053　　　　　　　　　　　　　传真：010-63141600
网址：http://www.zgfzs.com　　　　　　　　编辑部电话：010-63141836
市场营销部电话：010-63141612　　　　　　　印务部电话：010-63141606

（如有印装质量问题，请与本社印务部联系。）